왜 테슬라인가

당신이 테슬라에 투자해야 하는 이유

왜 테슬라인가

지혜탐험가 지음

프로처

평범했던 내가
어떻게 이 책을 쓰게 되었나

어릴 때 나는 요즘 말로 '자동차 덕후'였다. 내가 태어나기 전부터 자동차 부품 회사를 운영하고 있던 아버지 영향이 컸다. 그래서 초등학교 때까지는 자동차를 만드는 사람이 되는 게 꿈이었다. 하지만 중학생, 고등학생이 되면서 내 인생의 목표는 어느새 '좋은 대학 진학'으로 바뀌어 있었다. 하지만 나는 원하는 수능 성적을 받지 못했다. 도저히 1년 더 수능 공부를 할 자신이 없던 나는 아버지의 도움으로 도망치듯 미국의 한 주립대학의 화학공학과에 입학했다.

도피가 목적인 유학이었던 만큼 제대로 공부하지 못한 채 휴학과 복학을 반복하다가 뒤늦게 입대했다. 군생활 중에는 100권이 넘는 책들을 읽으며 마음을 다잡았다. 하지만 불안감이 사라지지 않았던 부모님은 내가 전역 후 미국으로 돌아가는 걸 원치 않으셨고, 나는 100일 남은 수능을 앞두고 부랴부랴 9년 만에 재수를 준비했다. 운이 따라 주어 20대 끝자락에 서울 소재 대학의 자동차 공학과에 입학했다. 돌고 돌아 어렸을 때의 꿈을 이룬 것이다.

졸업 후 약 1년간 아버지 회사의 현장에서 일하며 실무 경험을 쌓을 수 있었다. 이후 기술 영업 부서에 배정되었을 때, '자동차 산업의 미래를 분석하고 회사를 성장시켜 줄 신규 잠재 고객을 찾으라'는 업무를 받았다. 나는 가벼운 마음으로 자료를 수집하기 시작했으나, 이내 큰 충격에 빠졌다. 2018년 당시, 이미 자동차 산업에 전례 없는 변화와 혁신이 본격적으로 기 때문이었다.

나는 자동차 산업의 미래를 상징하는 핵심 키워드 세 개를 찾았는데, 첫 번째가 바로 '전기자동차'였다. 전기자동차 시대가 도래하면 기존 내연기관 자동차에 쓰였던 부품 상당수가 사라지고, 반대로 기존에 쓰지 않았던 배터리, 모터 관련 부품 수요가 발생한다. 따라서 전기자동차에만 들어가는 부품을 개발해 늘어나는 전기자동차 수요를 대비할 필요가 있었다.

두 번째 핵심 키워드는 '자율주행'이었다. 이미 많은 자동차 기업들과 스타트업들이 자율주행 기술을 개발하고 있었다. 내가 특히 이 자율주행 기술에 주목한 이유는 당시 회사 매출의 50% 이상이 '조향 장치'에 쓰이는 부품에서 나왔기 때문이다. 조향 장치는 운전자가 운전대를 돌리면 그 힘을 증폭시켜 앞바퀴의 진행 방향을 바꾸는 장치이다. 만약 완전 자율주행이 실현된다면 조향 장치는 때문에 이에 대한 대비를 미리 하지 않으면 회사가 사라질 수도 있다고 생각했다.

설령 당장 완전 자율주행이 되지 않더라도 문제는 여전히 남아 있었다. 자율주행 성능이 높아질수록 조향 장치는 사람이 개입해야 할 때만 잠깐씩 사용하는 보조 장치, 비상 장치로 역할이 축소된다. 이렇게 되면 고객사는 내구성과 정밀도가 높지만 가격이 상대적으로 비싼 아버지 회사의 부품을 사용할 이유가 사라진다.

따라서 나는 급변하는 자동차 산업에 맞는 새로운 부품과 그 부품을 써 줄 새로운 고객을 유치해야 한다고 생각했다. 그렇게 찾은 신규 잠재 고객이자 세 번째 핵심 키워드가 바로 '테슬라'라는 기업이었다. 테슬라를 공부하면 할수록 앞의 두 핵심 키워드, 전기자동차와 자율주행 기술을 이끌 회사라는 확신이 생겼다. 그래서 나는 '앞으로 다가올 전기자동차와 자율주행 시대를 이끌 테슬라를 신규 고객사로 유치해야 한다'는 결론을 담은 보고서를 제출했다.

하지만 내 보고서에 대한 임원들의 반응은 냉랭했다. 그들은 2017년 기준 겨우 10만 대를 넘게 팔았던 테슬라를 고객사로 유치해 봤자 돈이 되지 않는다고 생각했다. 게다가 내 보고서의 기본 전제인 '전기자동차와 자율주행 시대'가 오지 않을 것이라고 예상했다. 내연기관 자동차 대비 가격도 비싸고, 주행 거리도 짧으며, 충전에 긴 시간이 소요되는 전기자동차는 결코 주류가 될 수 없다고 판단했다. 자율주행 역시 기술적으로 너무 어려운 데다가 사람들이 목숨을 걸고 자동차에 운전을 맡기지 않을 거라고 생각했다. 당연히 내 보고서는 채택되지 않았다.

하지만 나는 그 뒤에도 전기자동차, 자율주행, 그리고 테슬라에 대한 공부를 멈추지 않았다. 그리고 테슬라가 단순한 자동차 기업이 아니며, 내가 상상했던 것보다 훨씬 큰 비전과 가능성을 가진 회사라는 걸 알게 되었다. 나는 테슬라가 주도할 전방위적 혁신의 과실을 조금이라도 나눠 먹기 위해 2019년부터 테슬라 주식을 사기 시작했다. 나의 첫 주식투자였다. 그리고 이 투자를 계기로 본격적으로 돈과 투자에 대해 공부하고 다른 기업 및 부동산으로 투자를 확장했다.

반면 아버지와의 지속적인 의견 충돌, 자동차 부품 업계의 각종 부조리 때문에 회사 생활은 점점 힘들어졌다. 나는 내가 진짜로 원하는 삶이 무엇인지 찾기 위해 블로그에 글을 쓰기 시작했고, 내가 세상에서 배운 지혜와 통찰을 글로 공유하는 삶을 원한다는 걸 깨달았다. 결국 나는 2022년에 퇴사했다.

내가 이런 과감한 결정을 할 수 있었던 원동력은 바로 나만의 투자 원칙을 지키며 불린 자산이었다. 그리고 퇴사 후 2년 만에 나는 내 꿈의 한 조각을 이루었다. 내가 가진 지혜와 통찰을 담은 《왜 테슬라인가》를 출간했기 때문이다.

테슬라는 내 인생을 제일 크게 변화시킨 기업이다. 테슬라는 나에게 단순한 투자 대상이 아니다. 투자와 미래를 바라보는 눈을 갖게 했고, 내가 진짜로 원하는 꿈을 찾고 이루게 만든 기업이다. 그래서 나는 누구보다도 자신있게 테슬라가 어떤 기업인지, 이 기업이 어떻게 미래를 바꿀 것인지, 왜 이 기업을 알아야 하는지 말할 수 있다.

목차

1장 | 테슬라라는 기업

2장 | 테슬라와 기존 자동차 기업의 차이

1장

테슬라라는 기업

테슬라는 어떤 기업인가?

테슬라는 한 번도 스스로 '자동차 기업'이라고 말한 적이 없다

여러분이 기업의 미래 가치를 보고 길게 투자하는 가치 투자자라면, 제일 먼저 해야 할 일은 무엇일까? 투자할 기업을 찾고 그 기업에 대해 공부하는 것이다. 그 기업이 어떤 기업인지 안다는 것은 그 기업이 무엇으로 돈을 버는지와 앞으로 어떻게 돈을 벌 것인지를 이해했다는 뜻이다. 하지만 놀랍게도, 가치 투자자를 자처하는 사람들조차 이 당연해 보이는 단계를 거치지 않고 투자에 뛰어든다. 특히 테슬라처럼 대중에게 직접 제품과 서비스를 판매하는 회사라면 이미 어떤 기업인지 안다고 착각하는 경우가 많다. 예를 하나 들어 보자.

3M이라는 제조업 회사는 대중에게 아주 친숙하다. 이 책을 읽고 있는 독자 중 '포스트잇'이나 '스카치 테이프'를 써 보지 않은 사람은 없을 것이다. 이 두 제품은 일반 명사처럼 쓰일 정도로

유명하다. 하지만 이는 3M이 생산하는 약 6만 개의 제품 중 일부일 뿐이다. 3M 매출의 대부분은 집에서 흔히 보기 어려운 산업용 제품에서 나온다. 기업의 실적 발표 자료를 살펴본다면 이런 사실을 알 수 있지만, 이를 제대로 모른 상태에서 3M에 투자하면 큰 문제가 생길 수 있다.

하물며 소프트웨어 혹은 플랫폼 기업이, 현재가 아니라 앞으로 어떻게 돈을 벌지 파악하는 것은 눈에 쉽게 보이지 않는다. 그래서 기업에 투자하기 전에 반드시 그 기업의 정체성을 파악하는 데에 많은 노력을 기울여야 한다.

기업이 앞으로 어떤 기업이 될 것인지, 어떤 방법으로 돈을 벌 것인지는 기업의 '미션 스테이트먼트(Mission Statement)'를 보면 알 수 있다. 미션 스테이트먼트는 회사가 나아갈 방향을 한 문장에 담은 선언문이다. 즉, 그것만 읽더라도 기업의 정체성과 나아가고자 하는 방향을 알 수 있다. 우리나라 기업과 달리 테슬라를 포함한 글로벌 기업은 대부분 이 미션 스테이트먼트를 회사 홈페이지에 명시한다.

그럼 과연 테슬라의 미션 스테이트먼트는 무엇일까? 바로 'Accelerating the Worlds' Transition to Sustainable Energy'이다. 번역하면 '지속 가능한 에너지로의 전지구적 전환을 가속하는 것'이다. 대중의 인식과 다르게 테슬라의 미션 스테이트먼트에는 자동차를 뜻하는 'Car', 'Automobile'은커녕, 요즘 자동차 업계에서 흔히 쓰는 '모빌리티(Mobility)'라는 단어도 없다. 테슬라는 자신을 자동차 기업으로 정의하지 않은 것이다.

자동차 기업이란 화물이나 사람의 이동 수단으로 쓰이는 자동차를 만들어 판매해 대부분의 매출과 이익을 만드는 기업을 말한다. 대중이 잘 아는 도요타, 벤츠, BMW, 폭스바겐그룹, 포드, GM, 현대자동차그룹 등이 여기에 속한다. 즉, 테슬라는 전기자동차를 단순히 이동 수단이 아닌 지속 가능한 에너지로의 전환을 돕는 수단으로써 생산 및 판매하는 것이다. 테슬라는 이런 미션 스테이트먼트 달성을 위해 기존 자동차 기업이 하지 않는 다양한 사업에 진출했다.

그렇다면 테슬라는 왜 '지속 가능한 에너지로의 전환을 가속한다'라는 생소한 비전을 가지고 남들이 하지 않는 사업을 하는 걸까? 그리고 전기자동차는 이런 목표를 달성하는 데에 어떤 역할을 담당하는 걸까? 궁극적으로 이런 테슬라의 행보는 회사의 존재 목적인 이윤 창출과 도대체 무슨 상관이 있을까? 이 질문들에 답하기 위해서는 우선 에너지, 특히 지속 가능한 에너지에 대해 알아야 한다.

테슬라가 '전기자동차'를 만드는
진짜 이유

'지속 가능한 에너지'라는 개념이 등장한 이유는 인류가 주로 쓰는 에너지의 원천인 화석연료가 유한하기 때문이었다. 따라서 화석연료 고갈에 대한 두려움과 기후 위기 등을 이유로 지속 가능한 에너지에 대한 관심이 커진 지도 이미 오래 되었다.

지속 가능한 에너지의 정의 중 하나는 '환경을 파괴하지 않고 양의 제한 없이 생산 가능한 에너지'이다. 따라서 모든 친환경 에너지를 지속 가능한 에너지라고 할 수는 없지만, 지속 가능한 에너지는 기본적으로 친환경 에너지이다. 환경을 보호할 수 있고 양이 무한하지만, 그동안 지속 가능한 에너지가 많이 쓰이지 않았던 이유는 치명적인 단점들이 있기 때문이다.

그중 하나가 원하는 시간에 원하는 양의 에너지를 생산할 수 없다는 점이다. 예를 들어, 태양광 에너지는 밤이나 날씨가 좋지 않은 낮에는 에너지 생산이 어렵다. 풍력 에너지 역시 마음대로 생산량을 조절할 수 없다. 따라서 지속 가능한 에너지 사용을 위해서는 에너지 저장이 필수다. 많이 생산될 때는 쓰고 남은 에너지를 저장했다가, 생산이 잘되지 않을 때 꺼내 쓰는 것이다.

그래서 화석연료 에너지를 사용할 때보다 지속 가능한 에너지를 사용할 때 에너지 저장 수단인 배터리의 역할이 훨씬 중요하다. 원래 배터리는 화학 작용을 통해 전기 에너지를 발생, 공급시키는 장치다. 하지만 최근에는 거꾸로 화학 작용을 통해 전기 에너지를 저장할 수도 있는 '이차전지'를 많이 사용하는 추세다. 스마트폰과 전기자동차에 들어가는 배터리인 '리튬 배터리'가 대표적인 이차전지다. 이런 이차전지를 사용하면 지속 가능한 에너지가 많이 생산될 때 화학 에너지로 저장했다가, 생산량이 줄거나 사용량이 늘어나면 전기 에너지로 전환해 사용할 수 있다.

배터리를 활용해 지속 가능한 에너지를 사용하는 방법은 크게 두 가지이다. 첫째로 지속 가능한 에너지를 생산하는 곳 근처에 배터리를 고정해 놓고 사용하는 것이다. 다르게 말하면, 지속 가능한 에너지를 생산하는 시설, 그 에너지를 저장할 수 있는 배터리, 그 에너지를 사용해야 하는 시설을 모두 같은 자리에 두는 것이다. 이를 ESS(Energy Storage System, 에너지 저장 시스템)라고 하며, 테슬라는 가정용인 '파워월(Powerwall)', 상업용인 '파워팩(Pow-erpack)', 산업용인 '메가팩(Megapack)'이라는 이름으로 판매하고 있다. 2023년 기준 테슬라는 배터리 ESS(BESS)에서 세계 점유율

1위를 기록했다.

하지만 사람은 에너지를 고정된 장소에서만 쓰지 않는다. 사람은 움직일 때도 에너지를 사용한다. 이때는 지속 가능한 에너지를 저장한 배터리를 이동 수단에 넣어야 한다. 전기자동차가 바로 이 두 번째 방법을 이용해 지속 가능한 에너지를 활용하는 대표적인 예다.

사실 전기자동차는 최근에 나온 개념이 아니다. 이미 100여 년 전에도 전기자동차가 있었다. 하지만 당시에는 단위 무게당 에너지 저장량인 에너지 밀도가 터무니없이 낮은 납축전지를 썼기 때문에 시장에서 바로 사라졌다. 움직이지 않고 고정되어 있어서 에너지 밀도가 낮은 배터리를 쓸 수 있는 ESS와 달리 크기와 무게의 제약이 있는 전기자동차에는 에너지 밀도가 높은 배터리가 필요했다. 납축전지 대신 리튬 배터리가 개발되고, 기술의 발달로 지속적으로 에너지 밀도가 높아져서 비로소 차에 넣어서 쓸 수 있게 된 것이다.

따라서 테슬라는 기존 자동차 기업과 '자동차'를 보는 관점을 완전히 달리 했다. 테슬라에게 자동차는 '지속 가능한 에너지로의 전 지구적인 전환의 가속'이라는 테슬라의 미션을 완성시켜 줄 핵심 퍼즐 조각이다. 테슬라는 '움직이는 에너지 저장소'로써 지속 가능한 에너지를 자유롭게 사용, 이동, 분배하기 위해 전기자동차를 생산하는 것이다. 인체에 비유하면 테슬라 전기자동차는 적재적소에 산소를 공급하는 혈액 속 적혈구 같은 역할이다. 테슬라가 오로지 배터리와 모터만 들어 있는 전기자동차만 생산하는 이유도 하이브리드를 포함한 내연기관 자동차는 이런 역할을 할 수 없기 때문이다.

반면 기존 자동차 기업에서 만든 자동차는 과거나 지금이나 사람 혹은 화물을 나르는 수단이다. 그들에게 전기자동차는 기존 내연기관 자동차에서 동력 계통만 배터리와 모터로 바꾼 이동 수단 혹은 운송 수단일 뿐이다. 따라서 겉으로는 별 차이가 없어 보여도 테슬라와 다른 자동차 기업이 만든 전기자동차는 근본적으로 다른 제품이다. 하지만 언론이나 일부 자동차 전문가들은 여전히 기존 방식대로 테슬라의 전기자동차를 기존 자동차 기업이 만든 자동차들과 비교한다. 겉으로 비슷해 보인다는 이유로 이동 수단으로서의 가치가 전부인 제품과 다른 제품 및 서비스와 시너지 효과를 창출할 수 있는 제품을 동일 선상에서 비교하는 것이다.

이는 마치 비슷하게 생겼다는 이유로 말과 얼룩말을 힘, 크기, 생김새, 색깔 등으로 비교하는 것과 비슷하다. 단순히 두 동물의 공통점과 차이점만 확인하는 것이면 의미가 있을지 모르겠지만, '어떤 동물이 더 가치가 있는가?'를 확인하기에는 부적절한 기준이다. 왜냐하면 말의 가치는 '인류학적 관점'에서 봐야 제대로 알 수 있기 때문이다. 말은 인간이 길들이는 데 성공해 전쟁의 역사, 인류의 역사에 지대한 영향을 미쳤다. 반면 얼룩말은 인간이 길들이지 못해 과거나 지금이나 자연 속에 뛰어다니는 수많은 동물 중 하나로 남았다.

더 쉽게 비유하면 노키아로 대표되는 '피처폰'과 아이폰으로 대표되는 '스마트폰'을 통화 품질로만 비교하는 것과 같다. 스마트폰 입장에서는 피처폰과의 통화 품질 비교가 어떻든 별 상관이 없다. 스마트폰의 진정한 가치는 통화 기능에 있지 않기 때문이다. 만약 지금 시점에 누군가 2007년에 나온 아이폰 1세대와 노키아 피처폰을 통화 품질만으로 비교하는 사람이 있다면 대중은 비웃을 것이다. 마찬가지로 10여 년 뒤에 누군가 2024년에 나온 테슬라의 전기자동차와 기존 자동차 기업이 만든 자동차를 마력, 내장재, 최고 속도, 코너링 등으로 비교한다면 미래의 사람들은 어떻게 생각하겠는가?

테슬라가 궁극적으로 완성하려는 것

앞에서 설명했듯, 테슬라의 미션 스테이트먼트의 핵심은 바로 '에너지'이다. 그렇다면 왜 테슬라는 이토록 에너지에 진심인 걸까? 이유는 의외로 아주 단순하고 명확하다. 에너지는 과거부터 지금까지 권력이자 힘이기 때문이다.

에너지는 산업 혁명 이후 나라의 운명을 좌지우지할 정도로 중요해졌다. 그리고 이런 에너지의 중요성은 기업의 역사에도 고스란히 남아 있다. 애플이 아이폰을 발표하면서 시가총액 1위가 되기 전에 오랫동안 시가총액 1위를 지키던 기업은 석유 시추 및 정제 회사인 엑손모빌이었다. 그리고 2024년 10월 현재는 사우디아라비아의 국영 석유 기업인 아람코가 전 세계 시가 총액 6위를 차지하고 있다. IT 기업을 제외한 전통적 의미의 제조업 기업 중에서는 압도적 시가 총액 1위다.

그럼 왜 테슬라는 화석연료 에너지가 아닌, 지속 가능한 에너지에 관심을 두는 것일까? 일단 화석연료 에너지 산업은 비집고 들어갈 틈이 없다. 이미 기존 기업들이 역할을 나누어 자리를 잡고 있기 때문이다. 아람코 같은 회사가 에너지를 생산하면, 기존 자동차 기업의 자동차가 그 에너지를 사용하는 방식이다. 거기에 화석연료 에너지는 특정 지역에 몰려 있기 때문에 지정학적 위험이 크고, 지구온난화의 주범이기 때문에 앞으로 지속적인 성장을 기대하기 어렵다.

반면 지속 가능한 에너지는 생산, 배분, 사용, 저장 등에서 한 분야라도 확실하게 자리 잡은 기업이 없다. 거기다 상대적으로 지정학적 위험이 적고 앞으로 지속적인 성장이 기대되는 '블루오션'이다. 테슬라는 바로 여기서 새로운 에너지 기반의 생태계를 독자적으로 완성하려고 하는 것이다. 테슬라는 철저히 기업의 존재 목적인 이윤 추구를 위해 지속 가능한 에너지를 선택했다. 다른 기업처럼 친환경 이미지를 챙기기 위함이 아니다.

독자적인 생태계의 힘은 앞에 설명한 시가총액의 역사에서도 고스란히 드러난다. 엑손모빌을 밀어낸 뒤 지금까지 시가총액 1위를 기록 중인 애플은 소프트웨어와 하드웨어가 연동된 독자적인 'IT 생태계'를 구축했다. 소프트웨어를 통한 하드웨어 간 연동이 아주 자연스럽기 때문에, 일단 아이폰을 산 사람은 애플워치 외에 다른 스마트워치를 사용하는 것이 어렵다. 애플은 바로 이 '락인 효과(Lock-in Effect)'를 적극 활용해 높은 이익률을 유

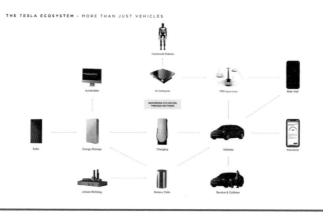

THE TESLA ECOSYSTEM - MORE THAN JUST VEHICLES

[그림 ①] 테슬라가 2024년 1분기 실적발표 자료에서 공개한 '테슬라 생태계'.

테슬라 생태계를 이루는 요소들

- 에너지 생산: 솔라 패널(Solar Panel), 솔라 루프(Solar Roof)
- 에너지 저장 및 공급: 리튬 정제, 4680 배터리, 파워월(Powerwall), 파워팩(Powerpack), 메가팩(Megapack)
- 에너지 분배: 수퍼차저(Supercharger)
- 에너지 운반, 사용: 전기자동차, 옵티머스(Optimus)

지하면서도 다양한 제품을 많이 팔 수 있다.

그런데 이 IT 생태계보다 훨씬 규모가 큰 생태계가 바로 에너지 생태계다. 에너지 생산만 하는 아람코나 에너지 생산 및 분배(주유소)만 담당하는 엑손모빌도 상당한 영향력과 기업 가치를 가졌다는 것이 그 증거다. 그런데 테슬라는 지속 가능한 에너지의 생산, 분배, 저장 및 공급, 운반, 사용과 관련된 사업을 이미 펼치고 있다. 이는 테슬라가 2024년에 발표한 '테슬라 생태계'[그림①]를 보면 잘 알 수 있다.

만약 지속 가능한 에너지가 현재 화석연료 에너지만큼 널리 사용된다면, 그때 테슬라가 가질 영향력과 가치는 기존 에너지 기업을 가볍게 뛰어넘을 것이다.

하지만 이게 전부가 아니다. 테슬라 생태계는 기본적으로 지속 가능한 에너지를 기반으로 한 생태계지만, 그렇다고 단순히 '에너지 생태계'로 부를 수는 없다. 테슬라 생태계에는 에너지 생태계에 필요한 요소들 외에도 AI 컴퓨터, FSD(Full-Self Driving), 오토비더(Autobidder), 보험(Insurance) 등의 추가 요소들이 들어있기 때문이다. 이 추가 요소들을 묶는 한 가지 키워드가 있다. 그것은 바로 'AI(Artificial Intelligence, 인공지능)'다. 테슬라는 어떤 회사도 구현하거나 상상하지 못한 AI와 에너지가 융합된 생태계를 만들고 있다. 이 생태계는 그 어떤 기업이 만든 생태계보다 높은 가치와 영향력을 지니게 될 것이다.

AI 원조 맛집 테슬라

본격적으로 대중에게 AI라는 말이 친숙해진 것은 2022년 11월 오픈베타로 공개된 '챗GPT(ChatGPT)'의 등장 이후이다. 이 AI 기반 챗봇은 AI의 가능성을 대중에게 확실히 알렸다. 그리고 약 2년이 지난 지금 AI의 실력과 활용 분야는 엄청나게 확장되었다. 여러 산업에 AI가 활용되고 있으며, AI 때문에 사람이 해고되는 등 고용 시장에도 변화를 주고 있다. 기존에는 전문가 집단이 오랜 시간을 들여 했을 일을, 평범한 개인이 AI의 도움을 받아 하루만에 할 수 있게 되었다.

그런데 이렇게 AI에 대한 인식을 바꾼 챗GPT를 만든 Ope-nAI의 창업자가 바로 일론 머스크라는 사실을 아는 사람은 많지 않다. 일론 머스크는 오래전부터 AI가 미래를 바꿀 열쇠라는 것을 알고 있었다. 일론 머스크는 OpenAI를 떠난 후, 2023년에는

xAI라는 AI 회사를 다시 창업했다. 그리고 일론 머스크가 계속 테슬라의 CEO로 있었던 만큼, 테슬라에서도 꾸준히 AI 기술을 개발하고 활용했다. 따라서 테슬라 생태계를 온전히 이해하기 위해서는 테슬라가 어떻게 AI를 활용하고 있는지 알아야 한다.

테슬라는 태양광 패널에서 생성되고, ESS나 전기자동차 배터리에 저장되는 전력을 사고팔 수 있는 플랫폼인 '오토비더(Auto-bidder)'를 운영하고 있다. 이름 그대로 사람이 아닌 AI가 실시간 전력 거래 가격과 전력 거래 참여자들의 전력 생산 및 사용 패턴을 분석해 최적의 타이밍과 가격으로 사고판다. 테슬라는 이 개념을 더 확장한 가상발전소 VPP(Virtual Power Plant)도 운영하고 있다. VPP는 곳곳에 퍼져 있는 태양광 및 ESS가 있는 가정의 에너지 자원을 통합해 전력망에 공급하는 시스템이다. 물리적인 발전소 건물은 없지만 실제 발전소와 하는 역할은 같아 이런 이름이 붙었다. VPP에서는 생산량과 사용량이 다른, 수많은 ESS를 실시간으로 통합 관리하는 ICT 기술이 중요한데, 테슬라는 여기에 AI를 적극 활용한다.

에너지 생태계 관점에서 왜 테슬라 전기자동차가 핵심 요소인지 앞에서 설명했다시피, AI 생태계 관점에서도 전기자동차는 아주 중요하다. 왜냐하면 테슬라의 전기자동차는 그 자체로 훌륭한 AI 데이터 수집기이자 AI 적용 기기이기 때문이다. 테슬라는 높은 AI 기술력을 확보하기 위해서는 다량의 고품질 데이터가 필수라는 것을 일찌감치 알고 있었다. 그래서 테슬라는 처음부터 기존 자동차 기업이 만든 자동차보다 훨씬 많은 카메라와 컴퓨터에나 들어갈 만한 고성능 반도체 칩을 넣었다. 그리고 이를 통합 관리, 제어할 수 있는 소프트웨어 개발에 몰두했다. 덕분에 테슬라는 다른 자동차 기업과 비교할 수 없을 정도로 많은 주행 데이터를 확보했다.

이렇게 모인 대량의 고품질 데이터는 테슬라가 가진 고성능 수퍼컴퓨터를 통해 AI를 학습하는 데에 사용한다. 이를 위해 테슬라는 엔비디아의 GPU 10만 개를 이용한 AI 훈련 수퍼컴퓨터 클러스터인 코어텍스(Cortex)를 텍사스에 있는 테슬라 본사에 설치해 가동 중이다. 뿐만 아니라 도조(Dojo)라는 자체 수퍼컴퓨터 시스템과 거기 들어가는 반도체 D1칩까지 직접 설계해 뉴욕에서 가동하고 있다. 이렇게 학습된 AI 기반 완전 자율주행 기술이 바로 FSD(Full-Self Driving)이다. 이 FSD는 다시 수많은 테슬라 전기자동차에 설치되고 여기서 발견한 문제점은 다시 FSD를 개선하는 데에 활용된다. 이런 선순환을 통해 FSD는 어느 자율주행 기술보다도 빠르게 발전했고, 높은 기술 수준을 확보했다.

물론 이렇게 데이터 수집과 AI 학습의 선순환을 만든 회사는 많다. 챗GPT를 만든 OpenAI도 그중 하나다. 하지만 테슬라의 AI 기술이 다른 기업과 차별화되는 이유는, 가상 세계가 아니라 물리 법칙으로 돌아가는 현실 세계에 적용되는 기술이라는 점이다. 글, 사진, 영상을 생성하는 AI는 설령 문제가 생겨도 논란이 될 뿐, 현실 세계에 직접적으로 큰 영향을 미치지 않는다. 하지만 FSD 같이 현실 세계에서 기기를 물리적으로 움직이는 AI 기술은 사람의 목숨과 직접적으로 연관되어 난이도와 위험성이 훨씬 높다. 비록 아직은 운전자의 감독이 필요한 버전이지만, 특별한 제한 없이 누구나 완전 자율주행 기술을 구매해 사용할 수 있도록 만든 회사는 테슬라가 최초이자 유일하다. 당연히 테슬라는 FSD의 완성도를 높여 진정한 완전 자율주행 시대를 여는 것을 목표로 하고 있다.

2024년 10월 테슬라는 이를 구현할 '사이버캡(CyberCab)' 시제품을 공개했다. 이 자동차에는 사이드미러도, 운전대도, 페달도 없다. 또한 기존에 가지고 있던 차량에도 운전자의 감독이 필요 없는(Unsupervised) FSD가 배포될 것이라고 발표했다. 사이버캡처럼 완전 자율주행 기술로 움직이고 최대 20명까지 태울 수 있는 '로보밴(Robovan)' 시제품도 공개했다. 테슬라는 AI 기술을 이용해 기존의 교통, 운송의 개념을 완전히 뒤바꾸려는 것이다.

테슬라의 AI 기반 생태계는 여기서 끝나지 않는다. 2021년에 테슬라는 새로운 제품 컨셉을 깜짝 공개했다. 바로 휴머노이드 로봇인 '옵티머스(Optimus)'다. 테슬라를 단순히 자동차 기업으로 알고 있었던 사람들에게는 상당히 뜬금없는 발표였다. 하지만 이것은 기존 테슬라 생태계의 자연스러운 확장이다. 왜냐하면 옵티머스에 들어간 AI는 기본적으로 FSD를 기반으로 하고 있고, 전기자동차 생산 기술을 활용해 로봇 생산이 가능하기 때문이다. AI의 활용 방법이 다르고 AI 기기의 용도와 생김새가 다를 뿐, 옵티머스는 전기자동차와 개발 및 생산 구조가 상당히 흡사하다.

[그림 ②] 2024년 10월에 발표한 완전 자율주행 기술이 탑재된 '사이버캡' 시제품

테슬라는 기존에 구축한 생태계를 기반으로 향후 휴머노이드 로봇 시장에서도 압도적인 경쟁력을 가질 것으로 기대한다.

테슬라는 대량생산 기술을 보유한 제조업 회사면서, 에너지 생태계 주요 요소를 모두 공급하는 에너지 기업이다. 그리고 이런 하드웨어를 관리하는 소프트웨어는 물론 반도체 칩까지 직접 설계하는 IT 기업이기도 하다. 거기다 실시간 데이터 수집 및 분류, 수퍼컴퓨터 클러스터를 이용한 데이터 학습까지 하는 AI 기업이기도 하다. 그리고 조만간 이 모든 걸 이용해 AI 기반 로보택시(Robotaxi)와 휴머노이드 로봇을 생산하는 로봇 회사가 될 것이다. 이처럼 테슬라는 기존의 기준으로는 어떤 기업인지 쉽게 정의하기 어려운 기업이다. 오직 '테슬라'라는 이름만이 기업 형태를 정의할 수 있다.

테슬라가 이처럼 기존 기업들과 비교할 수 없을 정도로 멀리, 크게 내다보고 자신만의 길을 갈 수 있었던 이유는 단연 일론 머스크 때문이다. 하지만 일론 머스크와 테슬라가 틀렸다고 비판하는 기성 언론과 사람들도 상당히 많다. 그리고 이러한 비판은 대부분 언론의 왜곡이나 사람들이 가진 오해에서 비롯된 경우가 많다. 다음 장에서는 어떠한 오해가 있는지와 그 오해에 대한 진실이 무엇인지 알아 보자.

일론 머스크와 테슬라에 대한
대중의 오해와 진실

일론 머스크가 '관종'이 될 수밖에 없는 이유

테슬라의 공동창업자이자 CEO인 일론 머스크는 대단히 독특하다. 일반적인 CEO와 달리 소셜 미디어를 통해 사람들과 적극적으로 소통하고, 논란이 될 만한 발언을 서슴지 않는다. 당연히 일론 머스크의 언행 때문에 단기적으로 테슬라 주가가 출렁거린 적이 많다. 이 때문에 테슬라에 투자하지 않는 이유 중 하나를 '일론 머스크'로 꼽는 사람들도 상당하다. 일론 머스크의 존재가 다른 기업에 없는 리스크라고 생각하기 때문이다.

하지만 이런 일론 머스크의 독특한 언행을 단순히 괴팍한 성격적 특성의 표출로 단순화해서는 안 된다. 일론 머스크의 언행 덕에 테슬라가 얼마나 큰 이익을 봤는지 면밀히 살펴보면, '관종'처럼 보이는 일론 머스크의 언행이 경영 전략 중 하나임을 알 수 있다.

요즘은 누구나 소셜 미디어로 자신이나 자신이 만든 브랜드를 홍보하는 시대다. 그래서 평범한 방법으로는 대중의 관심을 얻기는 어렵다. 이럴 때 고의적으로 논란이나 이슈를 만들어 사람들의 관심을 끌고 자연스럽게 브랜드 인지도를 끌어올리는 방법을 쓰는데, 이를 '노이즈 마케팅'이라고 한다. 최근에는 인플루언서, 유튜버, 기업들도 노이즈 마케팅을 적극 활용한다. 노이즈 마케팅은 브랜드에 부정적인 이미지가 생긴다는 단점이 있지만, 사람들이 자발적으로 이슈와 함께 브랜드를 알려 주기 때문에 인지도를 높이는 데 돈이 거의 들지 않는다는 장점이 있다. 일론 머스크는 이런 노이즈 마케팅의 특징을 정확히 파악하고 자신이 '의도적으로' 노이즈를 일으켜 돈을 쓰지 않고도 테슬라의 인지도를 끌어올렸다.

우리나라에서는 일론 머스크가 테슬라 창립자 겸 CEO로서 많이 알려졌지만, 미국에서 일론 머스크는 테슬라 창립 전부터 널리 알려져 있었다. 일론 머스크는 20대에 이미 소프트웨어 회사인 Zip2를 만든 뒤 1999년 컴팩에 매각해 수백억 원의 자산가가 되었다. 그리고 곧바로 전자지갑 플랫폼 기업인 페이팔을 만들어 2002년 이베이에 매각하면서 30대 초반에 억만장자가 되었다. 따라서 테슬라를 창립할 2003년에는 당연히 테슬라라는 브랜드보다 CEO인 일론 머스크의 인지도가 훨씬 높았다. 테슬라는 '모델 3'와 '모델 Y'의 대량생산이 시작되기 전까지 자금 사정이 좋지 않았다. 자동차 양산 준비와 수퍼차저 네트워크 확대에 쓸 돈도 부족했기에 당연히 마케팅에는 돈을 쓸 수가 없었다. 그러나 사람들에게 테슬라라는 브랜드가 알려져야 차량이 팔릴 수 있었다.

이런 상황에서 일론 머스크는 브랜드보다 상대적으로 더 유명한 자신을 이용해 노이즈 마케팅을 펼쳐 마케팅 비용을 줄였다. 이미 억만장자가 된 30대 CEO의 기행은 소셜 미디어와 언론을 통해 '무료'로 퍼졌고, 이를 통해 테슬라라는 브랜드가 알려졌다. 이 덕에 테슬라는 2003년 설립 이후부터 20여년 간 광고 비용을 거의 쓰지 않고 기존 자동차 기업을 뛰어넘는 인지도를 확보했다. 기존 자동차 기업들이 매년 광고 비용으로만 수조 원을 쓴다는 걸 감안하면, 보수적으로 잡아도 테슬라는 일론 머스크 덕분에 20여년 간 최소 수조 원의 광고 비용을 절감했다는 계산이 나온다. 일론 머스크는 세계에서 노이즈 마케팅으로 광고 비용을 제일 많이 아낀 사람이다. 이 정도 돈을 아꼈다면, 한 개인으로서 일론 머스크를 어떻게 생각하느냐와는 별개로, 한 기업의 경영자로서 뛰어난 경영 능력을 갖췄다는 것은 인정할 수밖에 없다. 따라서 검증할 수 있는 데이터를 근거로 투자 여부를 결정하는 냉철한 투자자라면, 일론 머스크의 기행은 오히려 테슬라에 투자해야 할 이유가 된다.

일론 머스크라는 존재가 테슬라를 넘어서 전기자동차 홍보에 도움이 되는지 보여 주는 일화가 하나 있다. 2021년 5월에 일론 머스크는 〈SNL(Saturday Night Live)〉라는 미국의 유명한 버라이어

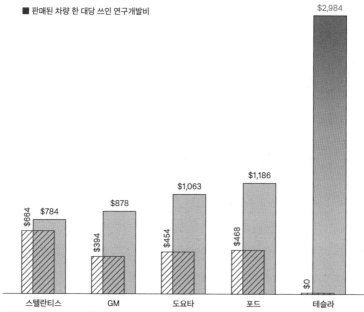

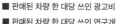
- 판매된 차량 한 대당 쓰인 광고비
- 판매된 차량 한 대당 쓰인 연구개발비

[그래픽 ①] 2020년 기준 테슬라 및 기존 자동차 기업들의 판매된 차량 한 대당 쓰인 연구개발비와 광고비
테슬라는 차 한 대당 가장 많은 R&D 비용을 썼지만, 마케팅 비용은 한 푼도 쓰지 않았다.

티 쇼의 호스트로 출연해 많은 이슈를 만들고 큰 웃음을 주었다. 그런데 놀랍게도 포드, 폭스바겐그룹의 전기자동차 광고가 일론 머스크가 출연한 〈SNL〉 중간에 삽입되었다. 〈SNL〉은 황금 시간대인 토요일 밤에 방영되기 때문에 광고 단가가 높다. 그럼에도 기존 자동차 기업들이 비싼 돈을 들여 중간 광고를 넣은 이유는 일론 머스크가 전기자동차를 상징하는 인물이기 때문이었다. 이들은 시청자들이 〈SNL〉의 일론 머스크를 보다가 중간에 전기자동차 광고가 나오면 그 광고 속 전기자동차에 대해서도 긍정적인 이미지를 가질 것이라고 기대했다.

하지만 〈SNL〉이 방영된 뒤에 이런 전기자동차 광고가 있었다는 사실을 기억하는 시청자는 거의 없다. 반면 일론 머스크가 〈SNL〉에 1시간 동안 출연함으로써 테슬라는 기존 자동차 기업들의 중간 광고 길이보다 약 100배 더 긴 시간 동안 수많은 시청자에게 노출되었다. 거기다 테슬라는 이런 광고 효과에 단 한 푼의 비용도 쓰지 않고 오히려 CEO인 일론 머스크는 출연료를 받았다. 다른 자동차 기업들의 CEO는 대중들이 얼굴과 이름도 잘 모르고 무엇보다 '콘텐츠'가 없어서 〈SNL〉에서 섭외할 일이 없기 때문에, 이런 홍보 전략을 사용할 수 없다. 이런 사례만 보더라도 일론 머스크가 단순히 '관종'이기 때문에 기분 내키는 대로 행동하는 것이 아니라 전략적으로 노이즈 마케팅을 펼친다고 볼 수 있다.

일론 머스크를 움직이는
단 하나의 사고방식

그렇다면 단순히 일론 머스크는 오로지 마케팅 비용을 줄이기 위해 이러한 기행을 펼치는 것일까? 사실 일론 머스크의 언행이 대중의 관점에서 이상하게 보이는 가장 큰 이유는 일론 머스크와 대중의 사고방식이 크게 차이나기 때문이다. 그리고 그는 대중과는 다른 그의 사고방식 덕분에 기존에 불가능하다고 생각했던 일을 실현시켰고, 세계에서 가장 돈이 많은 사람이 되었다. 일론 머스크가 사용하는 이 사고방식은 물리학에서 쓰이는 '제1원칙 사고(First Principles Thinking)'로, 다른 가정이나 제안에서 유도하지 않고 오로지 근원적인 원리, 변하지 않는 물리법칙만을 바탕으로 결론을 도출하는 방법이다. 일론 머스크는 다음과 같이 말했다.

저는 물리학이라는 프레임이 아주 좋은 사고법이라고 생각합니다. 아시다시피, 제1원칙 같은 모델을 말합니다. 일반적으로 저는 유추에 의해서 추론을 하기보다는, 어떤 문제들을 근본적인 문제로 압축시킨 다음, 거기서부터 판단을 하는 것입니다.

— 박규하, 《나는 테슬라에서 인생 주행법을 배웠다》, 181쪽

여기서 말하는 '유추에 의한 추론'이란, 기존에 사람들이 가지고 있던 데이터, 경험, 관념, 관행 등을 바탕으로 해결책을 찾거나 해결이 가능한지 판단하는 것을 말한다. 하지만 제1원칙 사고에 기반해 문제에 접근하면, 문제의 본질에만 접근한 뒤 근원적인 원리만을 이용해 문제점을 파악하고 해결책을 제시하게 된다. 따라서 일론 머스크는 어떤 문제에 부딪혔을 때 다른 사람이나 조직이 어떤 방법을 시도했는지, 과거에 어떤 경험과 결과가 있었는지 참고하지 않았다.

대표적인 예가 바로 기가팩토리 건설이다. 일반적인 회사라면 비슷한 규모의 공장을 지었던 과거의 사례를 찾아 대략적으로 기가팩토리 건설에 들어가는 비용과 시간을 유추할 것이다. 혹은 각 프로세스를 담당하는 부서마다 프로세스 당 들어가는 비용과 시간을 알려달라고 한 뒤 이를 취합해서 공장 건설에 들어가는 총비용과 시간을 계산할 것이다. 하지만 이런 식으로 접근하면 획기적이면서 실행 가능한 비용 및 시간 절감안이 나올 수 없다. 그래서 테슬라는 기가팩토리의 빠른 완공과 최소한의 비용 달성

을 위해 기준 건설 비용과 시간을 정하지 않았다. 대신 기가팩토리가 가진 장단점을 파악한 뒤, 가장 빠르고 싸게 건설할 수 있는 아이디어를 찾는 데 모든 에너지와 시간을 쏟았다.

이러한 제1원칙 사고로 테슬라는 2020년 7월에 기가팩토리 텍사스 건설을 시작한 지 불과 약 1년 만인 2021년 8월에 모델 Y 생산을 시작했다. 공장 건설이 끝나지 않은 시점에서 차량 생산이 시작되었는데, 이 역시 '공장 건설이 끝난 뒤에 차량을 생산한다'는 기존의 관념을 깨부순 제1원칙 사고 덕분이었다. 테슬라는 2022년 4월에 기가팩토리 텍사스에서 만들어진 모델 Y를 고객에게 인도하는 행사를 열면서 본격적인 생산에 돌입했다. 기가팩토리 텍사스는 빠르게 생산량을 늘리기 시작해 2022년 12월에 주당 3,000대, 2023년 4월에 주당 4,000대, 2023년 5월에 주당 5,000대 생산에 성공했다. 건설을 시작한 지 만 3년이 안 되어 연간 25만 대의 전기자동차를 생산할 수 있는 공장을 완성한 것이다. 이는 뒤에서 언급할 테슬라 기가팩토리만의 다양한 전략과 기술 덕에 이룬 성과였는데, 이런 아이디어를 떠올리고 현실로 만들 수 있었던 근원이 바로 제1원칙 사고인 것이다.

대중과 언론은 일론 머스크가 공언한 특정 프로젝트의 완료 시점보다 실제 완료 시점이 항상 늦는다는 점을 지적한다. 심지어 '일론 타임(Elon Time)'이라는 조롱의 의미가 들어간 신조어까지 만들어졌고, 이 시간을 계산해 주는 사이트까지 존재한다. 이는 마치 한국인들이 약속 시간보다 늦게 모인다는 의미로 '코리

안 타임(Korean Time)'이라는 신조어가 등장한 것과 비슷하다. 하지만 이러한 일론 타임이 생긴 이유는 그저 일론 머스크가 투자자들에게 립서비스 차원에서 듣기 좋은 말을 했기 때문이거나, 그가 밑도 끝도 없는 낙관주의자이기 때문이 아니다. 그가 세상의 관행, 규칙, 과거의 경험 등을 전혀 고려하지 않고 제1원칙 사고에 기반해 프로젝트 완료 시점을 계산하기 때문이다. 따라서 단기적인 시각으로 일론 머스크를 그저 공언한 일정을 못 지키는 사업가로 평가해서는 안 된다. 오히려 일론 타임이 있다는 것은 그가 제1원칙 사고를 통해 그동안 불가능하다고 생각했던 다양한 프로젝트를 현실로 만들고 있다는 간접적인 증거라고 생각해야 한다.

운영하는 회사가 너무 많아서 걱정이라고?
오히려 좋아!

테슬라에 투자하는 사람들은 일론 머스크의 모든 언행을 다 긍정적으로 생각할까? 그렇지 않다. 그들은 테슬라에 투자하지 않는 사람들과는 다른 불만을 가지고 있다. 그중 하나가 바로 '경영하는 회사가 많아서 테슬라에 온전히 집중할 수 없다'는 우려다. 2024년 10월 현재 일론 머스크는 테슬라, 스페이스X의 CEO 겸 최대주주, X의 이사회 의장이자 소유주, 보링 컴퍼니, 뉴럴링크, xAI의 창립자이자 소유주, 머스크 재단 회장 등을 맡고 있다. 비영리재단인 머스크 재단을 제외하더라도 총 6개 회사에 직간접적으로 관여하고 있는 것이다. 거기다가 일론 머스크가 적극적으로 지지하고 지원한 트럼프가 미국의 제 47대 대통령으로 당선되었고, 트럼프는 그를 정부효율부(DOGE: Department of Government Efficiency) 수장에 임명했다. 트럼프의 당선에 따라 가

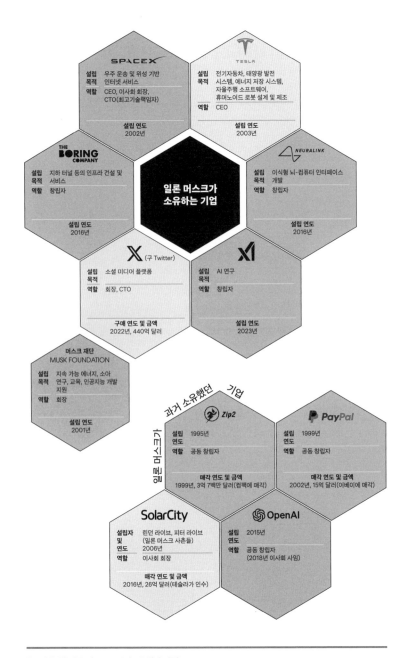

[그래픽 ②] 일론 머스크 소유/소유했던 기업

장 큰 수혜를 볼 회사로 테슬라가 꼽히지만, 그와는 별개로 일론 머스크가 정부 기관까지 맡으면서 테슬라에 온전히 집중하기 어려울 거라는 우려는 오히려 커졌다.

이런 우려를 하는 투자자들은 아마도 일론 머스크처럼 많은 회사나 조직에 직간접적으로 관여하는 사람을 보거나 듣지 못했을 것이다. 하지만 실제로 동시에 여러 회사나 조직을 소유하고 직간접적으로 운영하는 사람은 굉장히 많다. 규모의 차이, 개수의 차이가 있을 뿐, 이는 전혀 특별한 케이스가 아니다. 비록 규모나 개수 면에서 일론 머스크과 비교할 수는 없지만, 내 아버지도 여러 회사나 조직을 동시에 이끌고 있다. 그럼 이 사람들은 도대체 어떻게 이렇게 여러 회사나 조직을 동시에 운영할 수 있을까? 이를 이해하기 위해서는 조직 내에서 맡은 역할에 따라 일의 성격 역시 달라진다는 점을 알아야 한다.

기업이나 조직을 이끄는 사람들의 일과 직장인, 자영업자의 일은 그 종류와 성격이 완전히 다르다. 기업이나 조직을 이끄는 사람은 물리적으로 한 자리에 오래 머물러 일할 필요가 없다. 왜냐하면 일론 머스크 같은 위치에 있는 사람은 '현재 상황을 파악하고 미래를 예측해 정확한 의사결정을 내리는 것'이 주된 업무이기 때문이다. 그들에게 필요한 능력은 특정한 장소에서 특정한 업무를 정해진 시간에 해내는 능력이 아니라 정보 수집 능력, 통찰력, 리더십이다. 따라서 이들은 물리적으로 일하는 시간, 장소, 업무에 얽매이지 않지만, 조직의 운명을 결정할 의사결정을 하기 위해 언제, 어디서나, 어떤 일이든 해야 한다.

여러 사업체를 운영하는 사업가는 단순히 '가능하다'는 이유만으로, 혹은 그저 더 많은 권한을 가지고, 더 많은 돈을 벌기 위해 많은 회사나 조직을 이끄는 것이 아니다. 한 사람이 여러 조직을 운영하면, 그 조직들끼리 서로 협력하면서 시너지 효과를 일으킬 수 있다. 일론 머스크는 당연히 이러한 시너지 효과를 이용하기 위해 회사 간의 적극적인 협업을 유도했다. 대표적인 사례가 일론 머스크가 세운 기업 중 테슬라만큼 잘 알려진 스페이스X와의 협업이다.

스페이스X는 '인류의 멸종을 막기 위해서는 인류가 여러 행성에 거주해야 한다'는 일론 머스크의 비전 실현을 위해 만들어진 우주 기업으로 테슬라보다 1년 빠른 2002년에 창립되었다. 이전까지의 우주 산업은 주로 국가가 주도하면서 비용이나 효율성은 전혀 신경 쓰지 않고 눈에 보이는 성과를 내는 데만 집중했다. 반면 일론 머스크는 우주 산업이 지속적으로 발전하기 위해서는 민간 기업이 참여해 비용을 절감하고 효율성을 높여 이윤을 창출할 수 있어야 한다고 생각했다. 그래서 스페이스X는 기존보다 훨씬 저렴한 비용으로 우주선을 발사할 방법을 끊임없이 연구했고, 이를 바탕으로 NASA 등 많은 미국 기관의 우주 프로젝트를 따냈다. 또한 세계 최초 상용 우주선 발사, 세계 최초 민간 우주 비행사의 국제 우주 정거장 도킹에 성공하는 등 상용 우주 산업을 확장하는 데 적극적으로 앞장섰다. 또한 스페이스X는 기존

케이블 및 셀룰러 통신을 이용하기 어려운 소도시, 험지, 여객기 등에서도 이용할 수 있는 저궤도 위성 통신망인 '스타링크' 사업도 펼치고 있다. 이러한 노력에 힘입어 2023년 민간 우주 기업으로는 최초로 흑자를 기록하기도 했다.

스페이스X가 우주 발사 비용을 획기적으로 낮춰 이익을 창출할 수 있었던 핵심 비결은 바로 '로켓 재사용 기술'이었다. 이전까지 로켓은 만드는 데 엄청난 비용이 사용되지만 한 번 쓰고 버려지는 일회용품으로, 상업적 이익을 낼 수 없는 분야였다. 이에 스페이스X는 기존의 상식에 얽매이지 않고 '로켓을 한 번 쓰고 버리지 말고 회수한 뒤 다시 사용해 발사 비용을 낮추자'라는 아이디어를 떠올렸고, 이를 현실로 만드는 데 성공했다. 실제로 스페이스X가 상업적으로 사용하는 로켓 모델 '팰컨 9(Falcon 9)'은 총 300회 이상 재사용되었고, 개체당 평균 10회 이상 재사용하고 있다. 이를 통해 발사 비용을 획기적으로 낮췄고, 경쟁력 있는 가격으로 국가 기관이나 민간 기업의 위성을 대신 발사해 주는 사업을 펼치고 있다. 2022년 대한민국 최초의 달 궤도 탐사선인 '다누리'에 사용된 팰컨 9은 발사 당시 이미 5번 재활용되었던 로켓이었으며 다누리를 발사한 뒤에도 성공적으로 귀환했다.

무엇보다 스페이스X에 안정적인 현금 흐름을 안겨 주어 로켓 개발에 큰 도움을 주고 있는 스타링크 사업은 로켓 재활용 기술 덕분에 상용화할 수 있었다. 저궤도 위성 통신망이라는 스타링크의 특성상 한 위성이 커버할 수 있는 영역이 좁다. 따라서 상용화가 가능할 정도로 넓은 영역을 커버하기 위해서는 최소 수천 개의 위성을 쏘아 올려야 했고, 이를 위해서는 최소 수백 번의 발사가 필요했다. 따라서 스타링크 상용화를 위해서는 발사 비용이 상당히 낮아야 할 뿐만 아니라, 로켓을 자주 쏘아 올릴 수 있어야 했다. 그리고 스페이스X는 로켓을 회수한 뒤 간단한 수리 후 곧바로 쏘아 올림으로써 발사 비용과 발사 빈도 문제를 동시에 해결했다. 스페이스X는 2019년부터 2024년 9월까지 팰컨 9을 이용해 6,000개가 넘는 스타링크 위성을 쏘아 올렸다. 향후 팰컨 9의 재사용 횟수를 늘리고, 팰컨 9보다 탑재 중량이 약 3배 많은 차세대 재사용 로켓인 '팰컨 헤비(Falcon Heavy)'를 이용해 더 많은 위성을 더 저렴하게 궤도에 올릴 예정이다.

로켓을 다시 사용하려면 위성 등 탑재체를 우주 공간에 올려놓은 뒤 엄청난 열과 압력을 견디며 대기권에 재진입해야 한다. 그리고 로켓의 크기와 출력이 커질수록 로켓이 견뎌야 하는 온도와 압력 역시 커진다. 스페이스X는 이를 위해 팰컨 헤비에 '30X'라는 스테인리스 스틸 소재를 개발해 적용했다. 그리고 바로 이 소재가 테슬라의 사이버트럭 외피에도 사용되고 있다. 사이버트럭은 스페이스X의 소재 기술 덕분에 가볍고 저렴하면서 방탄까지 가능한 소재를 사용할 수 있었던 것이다. 반대로 테슬라 덕에 스페이스X가 이익을 보는 점도 있는데, 테슬라가 사이버트럭과 함께 30X를 대량생산함으로써 스타십에 쓸 30X의 비용을 낮출 수 있다. 이처럼 테슬라와 스페이스X가 소재를 공유

함으로써 얻는 시너지 효과는 오직 일론 머스크가 두 회사를 동시에 이끌기에 가능하다.

보링 컴퍼니는 교통 체증을 해결하기 위해 대도시 밑에 지하터널을 만들고 교통수단을 이용해 사람들은 운송하는 서비스를 제공하는 인프라 기업이다. 이를 위해 지하 터널을 뚫는 데 사용하는 'TBM(Tunnel Boring Machine)'도 자체적으로 개발해 사용 중이다. 현재 라스베가스 컨벤션센터(LVCC, Las Vegas Convention Center)안에 있는 전시장 사이를 빠르게 이동할 수 있는 'LVCC 루프'를 만들어 운영 중이다. 그리고 이 노선을 확장해 총 길이 68마일(약 109km), 104개 정거장을 갖춰 라스베가스 시내 곳곳을 연결하는 '베가스 루프(Vegas Loop)' 프로젝트를 진행 중이다. 현재는 정거장에 대기 중인 테슬라 차량에 타면 직원이 운전해 주지만 향후 테슬라의 FSD를 이용해 운전자 없이 지하터널을 따라 승객이 원하는 정거장에 내려 줄 예정이다. 보링 컴퍼니가 만드는 지하터널은 일반 도로와 달리 노선, 교통 상황 등을 통제할 수 있기 때문에 훨씬 빨리 FSD를 상용화할 수 있다. 또한 보링 컴퍼니가 만든 지하터널 노선이 확장함에 따라서 더 많은 사람에게 테슬라 전기자동차와 FSD를 알릴 기회가 생긴다.

일론 머스크는 FSD처럼 현실에서 쓰이는 인공지능 외에도 챗 GPT 같은 인공지능 챗봇 등에도 지속적으로 관심을 두고 있었다. 이를 위해 X(구 트위터)를 인수하고, 여기에 자신이 설립한 xAI라는 인공지능 기업이 만든 Grok이라는 대화형 인공지능 챗봇 서비스를 제공하기 시작했다. X에 더 많은 사람이 몰릴수록 xAI는 늘어난 언어 데이터를 이용해 Grok의 발전 속도를 높일 수 있기 때문에 일론 머스크는 적극적으로 X 이용자를 늘리기 위해 노력하고 있다. 먼저 일론 머스크 자신이 하루에도 수십 개의 글을 올리고 팔로워와 소통하고 있는데, 2024년 10월 기준 X에서 유일하게 2억 명이 넘는 팔로워를 보유한 그의 활동은 X에 큰 도움이 된다. 뿐만 아니라 스페이스X 발사 실험도 X에서 생중계하고, 테슬라 관련 새로운 소식이나 영상도 X계정에서 제일 먼저 공개하는 등 일론 머스크가 이끄는 회사들도 적극적으로 X를 활용하고 있다. 이러한 노력 덕분에 Grok은 후발주자임에도 불구하고 기존 인공지능 챗봇의 성능을 빠르게 따라잡고 있다. 그리고 일론 머스크는 xAI가 개발한 인공지능이 직접 테슬라 전기자동차에 쓰이지는 않겠지만, xAI의 엔지니어들이 FSD 개선에 많은 도움을 주고 있다고 직접 밝혔다.

일론 머스크가 여러 회사를 만들고, 소유하고, 경영에 참여할 때부터 이런 시너지 효과를 기대하고 극대화하려고 했다는 사실은 테슬라에서 일했던 사람들의 증언을 통해 알 수 있다. 테슬라 직원은 자신이 속한 부서와 상관없이 자신이 원하는 사내 프로젝트에 자유롭게 참여할 수 있다. 거기에 테슬라 직원은 스페이스X, 뉴럴링크, 보링 컴퍼니 등 일론 머스크가 소유하거나 운영하는 다른 회사가 주관하는 프로젝트에도 참여할 수 있다. 당연히 다른 회사 직원 역시 테슬라 직원과 함께 테슬라가 주관하는 프로젝트에 참여할 수 있다. 이렇게 다양한 부서는 물론 다양한 회사에 있는 직원과 같이 프로젝트를 진행하다 보니, 테슬라 직원은 부서 간의 경계는 물론 다른 회사와의 경계도 거의 느끼지 못한다. 실제로 일론 머스크가 소유하거나 운영한 회사끼리는 같은 클라우드를 사용하며, 테슬라, 스페이스X, 뉴럴링크, 보링 컴퍼니의 직원들은 서로의 회사를 통제 없이 출입할 수 있다. 따라서 한 회사 직원들끼리만 있으면 떠올리기 어려운 아이디어나 개발하기 어려운 기술을 얻을 수 있고, 이렇게 얻은 아이디어와 기술이 즉시 여러 회사로 퍼지는 효과를 기대할 수 있다. 이는 오로지 여러 회사와 조직을 직접 만들고, 소유하며, 경영에 직간접적으로 참여하는 일론 머스크라는 존재가 있기에 가능한 업무 방식이자 기업 문화다.

일론 머스크와 테슬라가
언론의 '억까'를 당하는 이유

테슬라에 대해 공부하고 투자하면서 언론이 진실만을 전달할 것이라는 고정관념이 깨졌다. 현재의 언론은 공공의 이익을 위해 진실을 파헤치는 역할을 충실히 이행하지 않는다. 언론사 역시 금전적 이익을 통해 유지되는 집단이기 때문이다. 언론사의 수익구조를 살펴보면 이런 변화를 이해할 수 있다.

종이 신문, 종이 잡지를 판매하던 시절에는 독자가 먼저 돈을 지불하고 콘텐츠를 소비하는 일종의 후불제 방식으로 언론이 소비되었다. 주수입원이 구독료였던 것이다. 이 수입은 그들이 특정 권력이나 기업에 눈치 보지 않고 독립적인 시각으로 기사를 쓸 수 있는 원동력이 되었다. 하지만 인터넷으로 뉴스를 보는 시대가 되면서 언론의 수익구조와 뉴스를 소비하는 방식이 완전히 달라졌다. 예전과 달리 언론사에 직접 돈을 내지 않고도 뉴스를 접할 수 있게 되었고, 언론사의 주수입원은 광고로 변했다. 광고비는 기사의 조회수에 비례하게 책정되었다. 거기다가 기사를 보는 방법도 기존과 달리 기사 제목을 누른 후 본문을 볼 수 있는 방식으로 바뀌었다. 따라서 언론은 점점 기사의 질보다 제목과 내용을 자극적으로 만들어 조회수를 높이는 데에 집중하기 시작했다. 때문에 인터넷 시대에 들어와서 낚시성 기사 제목이 우후죽순처럼 생겨났고, 선정적이고 부정적인 내용을 담은 기사가 급격히 늘기 시작했다. 특히 논란이 될 만한 이슈에 대해 객관적이고 중립적인 시각을 가지는 것보다는 양극단 중 한쪽이 좋아할 만한 논조로 기사를 쓰는 경향이 심해졌다. 그 논조를 좋아하는 사람은 응원하기 위해, 싫어하는 사람은 비판하기 위해 기사를 클릭해서 보는 현상이 벌어지고, 기사의 질과 상관없이 조회수와 광고 수입이 높아지기 때문이다.

반면 광고주나 잠재광고주를 비판하는 기사는 눈에 띄게 줄었다. 그리고 앞에서 설명했듯이, 기존 자동차 기업은 언론사에 광고비를 많이 주는 대표적인 광고주인 반면, 테슬라는 창립 후 20여 년간 광고비를 거의 쓰지 않았다. 이러다 보니 언론사 입장에서는 당연히 상대적으로 광고 수입에 전혀 도움이 되지 않는 테슬라에 대해 부정적인 기사를 많이 쓸 수밖에 없다. 더구나 CEO인 일론 머스크의 독특한 언행은 언론사 입장에서 조회수를 올리기 딱 좋은 재료이기 때문에 최대한 자극적으로 써서 다른 광고주가 주는 광고비를 더 받을 수 있다. 일론 머스크는 이런 언론의 생태계를 간파하고 기꺼이 언론이 만든 부정적인 이미지를 감당하는 대신, 테슬라를 알리는 데 쓸 비용을 아낀 것이다. 일론 머스크와 기성 언론은 서로를 싫어하지만, 상대방을 이용해 자신의 이익을 챙김으로써 비자발적 시너지 효과를 낸 셈이다.

그렇다면 언론이 테슬라와 일론 머스크를 어떻게 대하는지 알아 보자. 이 책에서는 대표적인 두 가지를 살펴본다.

첫 번째는 전기자동차 화재이다. 테슬라 판매량이 본격적으로 늘어나기 시작한 이후로 내연기관 자동차의 화재 기사를 찾아보기 어렵다. 반면 테슬라 혹은 다른 기업의 전기자동차 화재 기사는 어렵지 않게 찾아볼 수 있으며, 전기자동차가 활활 타는 장면이나 전소되고 뼈대만 남은 사진이 기사에 포함되어 있다. 이 때문에 대중은 '전기자동차=불이 잘 나는 자동차'라는 인식을 가지게 되었고, 많은 사람이 화재 때문에 전기자동차 구매를 꺼리는 원인이 되었다. 그렇다면 정말로 전기자동차가 내연기관 자동차보다 화재가 자주 발생할까?

실제 통계 자료에는 자동차 화재가 매우 흔하며, 이중 절대 다수는 전기자동차가 아니라 내연기관 자동차에서 발생한다고 나타난다. 테슬라가 발간한 '임팩트 리포트 2021(Impact Report 2021)'를 보면, 2020년 한 해 동안 미국에서만 총 17만 건이 넘는 자동차 화재가 발생했다. 또한 테슬라 전기자동차는 10억 마일을 주행하는 동안 일어난 화재 건수가 내연기관 자동차가 대부분인 미국 평균에 비해 1/10 이하였다. 이는 내연기관의 작동 원리를 조금만 안다면 전혀 이상한 현상이 아니다. 엔진은 가연성 액체 연료를 넣은 뒤 고온, 고압 상태에서 불꽃을 일으켜 1초에 수십 번의 폭발을 유도해 얻은 에너지를 운동 에너지로 전환한다. 쉽게 말해 사람들은 '정밀 제어 폭탄'을 매달고 운전하면서도 별로 무서워하지 않는 것이다.

즉, 언론은 의도적으로 전기자동차에 대한 부정적인 이미지를 만들기 위해 실제 사고 발생 빈도와 상관없이 전기자동차 화재만 자극적인 사진과 함께 기사로 다루는 것이다. 전기자동차 사업은 광고주인 기존 자동차 기업이 상대적으로 매출이나 이익을 올리지 못하는 영역이면서 동시에 광고 수입에 별 도움이 안 되는 테슬라의 주력 사업이기 때문이다. 심지어 언론에서는 명확하게 전기자동차에서 발화했다는 증거가 없는 화재더라도 일단 전기자동차가 불에 탔다면 '전기자동차 화재 추정', '전기자동차 전소'라는 식으로 제목을 붙인다. 이 때문에 사람들은 다른 곳에서 불이 나서 주차된 전기자동차에 옮겨붙은 화재도 전기자동차 때문에 발생한 화재로 오인한다. 나중에 전기자동차가 화재 원인이 아니라고 판명나더라도 이에 대해 다시 언급하거나 정정하는 기사는 거의 찾아볼 수 없다.

이런 언론의 의도를 극명히 알 수 있었던 사건이 바로 2024년 8월 청라에서 발생한 '벤츠 EQE 지하 주차장 화재 사건'이다. 중국산 파라시스 배터리가 장착된 벤츠 EQE는 아파트 지하 주차장에 주차되어 있었으며, 충전 중도 아니었다. 그런데 배터리에서 불이 붙기 시작했고 불이 다른 차에 옮겨 붙어 87대를 태우고, 783대가 그을리는 큰 화재로 번졌다. 보통 언론에서는 이렇게 큰 화재가 나면 어디서 불이 시작되었는지, 어떻게 불이 확산했는지, 소방 장비는 제대로 작동했는지에 대해 상세히 알려 준다. 하지만 이 화재 직후 언론은 이런 정보를 알려 주기는커녕 불이 난 전기자동차 차종과 배터리 제조업체조차 기사에 제대로 담지 않았다. 대신 '전기자동차 화재로 차량 100대 이상 피해'라는 식으로 제목을 달아 마치 '모든 전기자동차는 화재에 취약하고 불이 붙으면 큰 피해를 만든다'는 인상을 남겼다. 이 때문에 대중은 전기자동차를 무서워하는 이른바 전기자동차 포비아 증상을 보이기 시작했고 몇몇 아파트에서 전기자동차의 지하 주차를 금지하기도 했다.

전기자동차 화재 사건과 내연기관 자동차 화재 사건을 다루는 방식을 비교하면 언론이 기사를 통해 교묘히 자신들에게 유리한 방향으로 대중을 이끌려고 한다는 것을 알 수 있다. 대표적인 비교 대상이 바로 몇 년 전에 크게 이슈가 되었던 'BMW 엔진 화재 사건'이다. BMW 차량은 2016년부터 지속적으로 엔진 화재 사고가 보고되었는데, 몇 번의 리콜로도 해결되지 않았고 결국 2018년에는 BMW 코리아 사장이 직접 사과하기도 했다. 하지만 언론은 청라 EQE 지하 주차장 화재 사건과는 달리 BMW 엔진에 대한 위험성만 지적하고, '모든 내연기관 자동차가 위험하다'는 식의 프레임을 만들지 않았다. 사람들도 '내연기관 자동차 포비아'를 가진 게 아니라 BMW 차량에 대한 경각심만 가졌고, 몇몇 아파트나 쇼핑몰에서도 오직 BMW 차량의 지하 주차만 금지했었다.

'벤츠 EQE 지하 주차장 화재 사건'의 경우 조사 결과 화재가 확산한 결정적인 원인은 경비원이 스프링클러를 임의로 조작해 스프링클러가 화재 초기에 작동하지 않았기 때문으로 드러났다. 사람들의 인식과 달리 소방 당국에서도 전기자동차가 내연기관 자동차보다 특별히 화재 진압에 있어서 더 어렵지 않다고 밝혔다. 실제로 지하 주차장에 충전 중이던 전기자동차가 한밤중에 불이 났지만, 스프링클러가 정상적으로 작동하고 119에 자동으로 신고되어 주변 차량의 피해 없이 불을 끈 적이 있다. 반대로 지하 주차장에 주차된 내연기관 자동차의 엔진룸에 붙어 있던 기판에 불이 붙어, 스프링클러가 정상 작동했음에도 170여 대의 차량이 피해를 본 사례도 있다. 하지만 정작 언론은 '전기자동차가 내연기관 자동차 대비 불이 더 잘 나거나 잘 번지지 않는다'라는 사실을 입증할 수 있는 사고에 관한 기사는 거의 쓰지 않는다. 언론의 이익을 위해서라면 대중이 전기자동차에 대해 막연하게 공포를 가지는 것이 유리하기 때문이다.

두 번째는 테슬라 전기자동차의 '리콜(Recall)' 관련 기사다. 리콜이란 제조업체가 이미 판매한 제품에 결함이 발견됐을 때 무상으로 점검해 주거나 결함이 있는 부분을 교체해 주는 제도다.

자동차 제조사가 자발적으로 리콜을 실시하는 경우도 있지만, 대부분 미국 도로교통안전국처럼 해당 정부 기관이 법령에 따라 강제로 리콜을 지시한다. 그런데 최근 리콜 관련 기사를 보면 기존 자동차 기업의 리콜 소식에 비해 테슬라 전기자동차의 리콜 소식이 상대적으로 많다. 이 때문에 전기자동차 화재 기사와 마찬가지로 대중은 테슬라 전기자동차를 '품질 결함이 많은 자동차'로 인식하고 있다.

하지만 전기자동차 화재 기사와 마찬가지로, 테슬라 전기자동차 리콜에 대해 언급하는 기사 중에 각 자동차 기업의 리콜 건수를 비교한 통계 자료를 제시한 기사는 하나도 없다. 실제 통계를 살펴보면 리콜은 아주 흔하게 일어나며, 테슬라는 기존 자동차 기업 대비 리콜 건수가 상당히 낮은 편에 속한다. 만약 언론이 공평하게 2023년에 미국에서 발생한 모든 리콜에 대해 기사로 다뤘다면, 테슬라보다 기존 자동차 기업의 리콜 기사가 훨씬 많아야 한다.

거기에 테슬라는 신속하게 리콜에 대응해 소비자들의 불안과 불편함을 줄여 주지만, 이에 대해 언급하는 기사는 거의 없다. 기존 자동차 기업들이 만든 자동차는 리콜 명령을 받을 때마다 문제의 종류와 상관없이 해당 차종을 가지고 있는 소비자들이 서비스 센터에 방문해야 한다. 리콜(회수하다)이라는 표현이 붙은 이유 역시 이처럼 제조업체가 점검이나 부품 교환을 위해 고객으로부터 제품을 회수하기 때문이다. 하지만 테슬라는 뒤에서

순위	기업	리콜 횟수	비율	리콜 대상 차량 대수
1	포드	58	16%	6,152,738
2	크라이슬러	45	13%	2,732,398
3	포레스트 리버	37	10%	11,670
4	BMW	32	9%	340,249
5	메르세데스 벤츠	31	9%	478,175
6	GM	25	7%	2,021,033
7	닛산	23	6%	1,804,443
8	다임러 트럭	23	6%	263,285
9	재규어 랜드로버	21	6%	85,205
10	폭스바겐	21	6%	453,763
11	KIA	21	6%	3,110,447

[표 ①]　2023년 자동차 기업별 미국 도로교통안전국의 리콜 횟수 순위(1~11위)
순위에 없는 테슬라의 리콜은 14건으로 1위인 포드의 1/4도 되지 않는다.

설명할 OTA(Over-The-Air)라는 기능을 통해 대부분의 리콜을 서비스센터 방문 없이, 소프트웨어 업데이트로 문제를 즉시 해결한다. 실제로 2024년 7월에 미국 도로교통안전국은 자동차 후드 문제로 무려 180만 대의 테슬라 전기자동차에 대한 리콜 명령을 내렸지만, 테슬라는 OTA를 통한 소프트웨어 업데이트로 즉시 해결했다. 그러나 이 리콜과 관련된 거의 모든 기사의 제목에는 테슬라가 180만 대에 달하는 차량을 리콜한다는 내용만 적었을 뿐, 얼마나 쉽고 빠르게 리콜을 해결했는지는 담지 않았다. 만약 몇몇 해외 언론처럼 대다수 언론이 기사 제목을 'OTA를 통해 180만 대 리콜 결함 해결'이라고 달았다면, 분명 테슬라에 대한 대중의 인식은 달라졌을 것이다.

이처럼 언론은 실제 사건이 일어나는 빈도와 상관없이 대상에 따라 사건에 대한 기사의 빈도를 조절한다. 대중은 실제 통계 자료를 확인하기 전까지는 언론에서 많이 기사로 언급한 대상이 특정 사건(화재, 리콜)을 많이 일으켰다고 오해하게 된다. 이처럼 자신이 쉽게 접근할 수 있는 정보를 기반으로 잘못된 판단을 하는 인지 편향을 '가용성 편향(Availability Bias)'이라고 한다. 언론은 이 가용성 편향을 악용해 나쁜 이미지를 심을 대상의 문제만 집중적으로 대중에게 노출하기도 한다.

또한 언론은 진실(眞實, Truth)과 사실(事實, Fact)을 명확히 구분하지 않음으로써 사실이긴 하지만 진실이 아닌 기사를 만들어 낸다. 예를 들어 A가 친구 B의 등에 모기가 있어서 그 모기를 잡아 주기 위해 B 등을 때렸다고 치자. 여기서 사실은 'A가 B의 등을 때렸다'이지만, 진실은 'A가 B를 위해 B의 등에 있는 모기를 잡았다'이다. 하지만 언론은 진실은 언급하지 않고 의도적으로 A가 B의 등을 때렸다는 사실만 기사에 언급한다. 따라서 진실을 정확하게 모르는 대중은 기사만 보고 A가 B의 등을 악의적으로 때린 폭행자로 오해하게 된다. 기사에 대한 논란이 발생하더라도 언론은 '거짓말을 하지 않았다'는 논리로 책임을 회피한다. 따라서 언론의 기사에 거짓이 없다고 반드시 그 내용이 진실이라고 생각해서는 안 되며, 언론은 사실만 나열하면서도 얼마든지 진실을 왜곡할 수 있다는 점을 알아야 한다.

2장

테슬라와
기존 자동차 기업의 차이

언론에서 말하지 않는
기존 자동차 기업의 현주소

'진짜' 전기자동차와
'무늬만' 전기자동차

테슬라의 전기자동차를 언급할 때, 기존 자동차 기업도 전기자동차를 오래전부터 생산했다고 말하는 사람들이 꼭 있다. 분명그들이 만들었던 전기자동차는 화석연료를 쓰지 않고 배터리와모터로 움직이는 자동차였다. 하지만 그들이 과거에 만들었거나현재도 일부 만들고 있는 전기자동차는 진정한 전기자동차가 아니었다. 왜냐하면 그 차량들은 전기자동차 전용 플랫폼이 아니라기존 내연기관 자동차 플랫폼을 기반으로 동력 계통만 엔진에서배터리와 모터로 바꾸어 만들어졌기 때문이다. 자동차 엔지니어로서 확실하게 말할 수 있는 사실은, 전기자동차 전용 플랫폼으로 만들어진전기자동차가 아니라면 단순한 이동 수단으로써도 가치가 떨어진다는 것이다. 실제로 이런 전기자동차들은 주행거리, 출력, 승차감 등에서 대부분 낙제점을 받았다. 이렇게 된 원인을 알기 위해서는 자동차 플랫폼(Platform, 이하 플랫폼)이라는 개념을 알아야 한다.

자동차 산업에서 플랫폼의 넓은 정의는 자동차를 타고 내리면서 눈에 보이는 부분을 제외한 나머지 부분을 뜻한다. 내연기관 자동차에서는 차체, 엔진, 변속기, 서스펜션 등이 포함된 차량의 핵심 구조물을 말한다. 전기자동차에서는 모터, 배터리, 서스펜션이 포함된 차량 구조물이다. 따라서 이론적으로는 플랫폼만 있어도 차량은 움직일 수 있다.

이처럼 플랫폼의 구성 요소를 보면 플랫폼 하나를 만드는 데 엄청난 비용이 들어간다는 것을 알 수 있다. 과거에는 차량 개발비의 상당 부분이 플랫폼 개발에 들어갔었다. 이런 플랫폼 개발 비용을 줄이기 위해 규모가 작은 자동차 기업은 다른 회사로부터 플랫폼을 빌려 와 차량을 만들었다. 대표적으로 벤츠 E 클래스의 플랫폼을 가져와 만든 쌍용자동차(현 KG 모빌리티 전신)의 체어맨이 있다. 규모가 큰 자동차 기업도 플랫폼의 유연성을 늘려 하나의 플랫폼으로 여러 차종을 만드는 방향으로 플랫폼 개수를 줄이고 있다. 예를 들어 현대자동차그룹은 현재 N3 플랫폼 하나로 쏘나타, 그랜저, 싼타페, 쏘렌토, K5, K8 등을 만들고 있다.

따라서 기존 자동차 기업들이 처음에 전기자동차를 만들 때는 기존 내연기관 자동차 플랫폼을 거의 변형 없이 가져다 썼다. 자신들이 만든 전기자동차가 얼마나 팔릴지, 얼마나 이익이 날지 모르는 상황에서 섣불리 플랫폼 개발에 막대한 비용을 쓸 수 없었기 때문이다. 하지만 내연기관 자동차와 전기자동차의 내부 구조는 완전히 다르기 때문에, 내연기관 자동차 플랫폼 기반의 전기자동차에서는 제대로 된 주행 거리나 승차감을 기대할 수 없다. 이는 마치 인터넷 접속이 가능한 피처폰을 만들어 스마트폰과 경쟁하려는 것과 같다. 기능이 같을 뿐, 사용 경험이 같을 수는 없다는 것이다.

전기자동차에는 엔진이 없고 차량 밑에 들어가는 변속기도 거의 없는 대신, 엔진과 변속기를 합친 것보다 부피가 크고 무거운 배터리가 들어간다. 따라서 전기자동차의 주행거리나 승차감은 배터리의 모양, 위치, 용량이 결정한다고 봐도 과언이 아니다. 배터리 용량은 전기자동차의 주행 가능 거리와 직결되기 때문에 차량 크기가 허락되는 한 최대한 커야 한다. 또한 배터리는 전기자동차에서 가장 무거운 부품인 만큼 최대한 낮게, 넓게 퍼져 있어야 무게 중심이 낮아져 차에 안정감이 생긴다. 그런데 내연기관 자동차 플랫폼에는 엔진을 위한 보닛 아래 공간, 변속기를 위한 운전석과 조수석 사이 밑의 좁은 공간만 여유가 있다. 따라서 넣을 수 있는 배터리 용량도 적고 배터리의 위치가 높아서 주행 가능 거리와 안정감이 많이 떨어진다. 반면 전기자동차 전용 플랫폼은 동급의 내연기관 자동차 플랫폼보다 양옆 바퀴 사이의 간격(전폭)과 앞뒤 바퀴 사이의 간격(휠베이스)을 벌려 놓았다. 이렇게 하면 더 많은 배터리를 더 낮게 깔 수 있기 때문에 주행 가능 거리와 승차감이 좋아진다.

반대로 전기자동차에서는 기존에 엔진이 있던 보닛 밑 공간이 남게 된다. 그래서 몇몇 전기자동차에는 이곳에 수납공간을 만드는데, 이를 앞을 뜻하는 'Front'와 트렁크(Trunk)를 합쳐 '프렁크(Frunk)'라고 부른다. 하지만 내연기관 플랫폼 기반 전기자동차에서는 프렁크를 만들어 공간을 활용하기 어렵다. 내연기관 플랫폼에는 엔진을 차체에 연결하기 위한 연결 부위인 마운트(Mount)가 있기 때문이다. 이 때문에 몇몇 내연기관 플랫폼 기반 전기자동차에는 프렁크 만드는 걸 포기하고 엔진 마운트에 배터리에서 받은 전기에너지를 운동에너지로 전환하는 모터를 연결했다. 전기자동차에 들어가는 모터가 내연기관 자동차에 들어가는 엔진보다 작다는 점을 고려하면 마운트의 존재 때문에 상당한 공간 낭비가 발생하는 것이다. 반면 전기자동차 전용 플랫폼은 엔진을 위한 마운트가 없으므로 상대적으로 넓은 프렁크 공간 확보가 가능하다. 또한 처음부터 엔진의 존재를 고려하지 않은 플랫폼이라 보닛의 높이를 낮춤으로써 공기저항을 덜 받는 자동차를 만들 수 있다. 공기저항을 덜 받는 디자인일수록 공기저항계수(Cd)가 낮은데, 2024년 현재 Cd가 가장 낮은 상위 10개의 자동차는 모두 전기자동차 전용 플랫폼으로 만든 전기자동차다.

또한 전기자동차는 배터리 무게 때문에 동급의 내연기관 자동차보다 몇백 킬로그램이 무겁다. 이 때문에 전기자동차 플랫폼에는 차량 무게를 버티며 저항하려는 성질인 강성이 내연기관 자동차보다 더 커야 한다. 그래서 내연기관 플랫폼을 그대로 써서 전기자동차를 만들면 충분한 강성이 나오지 않아 안전에 문제가 생긴다. 이 문제를 해결하기 위해 기존 자동차 기업들은 내연기관 플랫폼에 덕지덕지 부품을 덧대어 강성을 올린다. 따라서 전기자동차 전용 플랫폼으로 만들어진 전기자동차보다도 무겁고, 밸런스도 떨어진다. 당연히 이는 주행 거리, 승차감에 악영향을 미친다.

이처럼 초창기에는 기존 자동차 기업들이 안일하게 생각하고 원가 절감을 위해 기존 내연기관 플랫폼을 이용해 전기자동차를 만들었다. 하지만 테슬라를 필두로 신생 업체들이 전기자동차 전용 플랫폼 기반 전기자동차를 내놓으면서 전기자동차 시장이 빠르게 커지자 기존 자동차 기업들도 전략을 바꾸어 전기자동차 전용 플랫폼을 내놓았다. 그리고 이런 플랫폼으로 만든 전기자동차는 배터리 용량, 주행 가능 거리, 승차감에서 이전보다 좋은 평가를 받았다. 기존 자동차 기업들은 전기자동차 전용 플랫폼까지 만들었으니 전기자동차 생산량을 빠르게 늘릴 것이라고 호언장담했다. 과연 그들의 말대로 이루어졌을까?

전기자동차 생산은 장난이 아니다

결론부터 말하면, 현재까지도 기존 자동차 기업은 전기자동차를 제대로 생산 및 판매하지 못하고 있다. 전체 판매 차량 대비 전기자동차의 비율도 높지 않고, 전기자동차 전용 플랫폼 기반 전기자동차로 한정하면 그 비율은 더욱더 낮아진다. 나름 기존 자동차 기업 중 전기자동차 시장에 빠르게 대응했던 현대자동차그룹을 예로 들어 보자. 현대자동차그룹은 2021년 초에 E-GMP라는 전기자동차 전용 플랫폼으로 만든 첫 전기자동차인 아이오닉 5를 발표했다. 그로부터 만 3년이 지났다. 현대자동차그룹은 E-GMP 플랫폼을 이용한 전기자동차를 얼마나 팔았을까?

현대자동차그룹의 2023년 총 소매 판매량은 약 717만 대였다. 이중 배터리 기반 순수 전기자동차(BEV)는 6.2%, 약 45만 대에 불과했다. 여기에는 포터 일렉트릭, 봉고 EV, 코나 EV, 니로

EV, G80 Electrified 등 기존 내연기관 자동차 플랫폼을 활용해 만든 전기자동차가 다수 포함되어 있다. 전기자동차 전용 플랫폼인 E-GMP를 이용해 만든 전기자동차는 5%도 되지 않는다. 더구나 최근에는 현대자동차그룹이 E-GMP를 기술적 요소를 기준으로 정의한 플랫폼이 아니라 '전기자동차의 상품 경쟁력을 만족하는 플랫폼'으로 재정의했다. 이는 E-GMP를 사실상 마케팅 용어로 사용하겠다는 의미이며, 기술적으로 진정한 전기자동차 전용 플랫폼으로 만들어진 전기자동차의 비중은 더 낮을 수 있다는 뜻이다.

현대자동차그룹은 기존 자동차 기업 중에서는 전기자동차 개발 및 생산이 나쁘지 않은 편이다. 다른 회사의 사정은 이보다 더 심각하다.

미국을 대표하는 GM을 한번 살펴보자. GM의 CEO 메리 베라는 2021년 10월 27일 CNBC와의 인터뷰에서 2025년까지 미국에서 전기자동차 판매량으로 테슬라를 따라잡겠다고 공언했다. 하지만 GM의 미국 내 전기자동차 판매량은 7만 5,386대였고, 2024년 1~9월까지 7만 450대에 그쳤다. 반면 테슬라는 미국에서만 2023년에 65만 4,888대, 2024년 1~9월까지 44만 6,300대를 팔았다. 메리 베라의 공언은 산술적, 기술적으로 이미 달성이 불가능하다.

지난 몇 년간 많은 자동차 기업이 전기자동차 생산에 대해 그럴듯한 계획을 발표했었다. 그들이 계획을 제대로 지켰다면 지금

쯤 테슬라를 제치고 전기자동차를 내연기관 자동차만큼 생산하고 있어야 한다. 하지만 현재까지 전기자동차 전용 플랫폼을 이용한 전기자동차를 연간 100만 대 이상 생산해 판매하는 기업은 테슬라가 유일하다. 전기자동차 전용 플랫폼만 만들면 금방 전기자동차를 대량생산해 테슬라를 이길 것이라고 장담했던 기존 자동차 기업들과 일부 자동차 전문가들의 예상은 보기 좋게 빗나갔다.

기대만큼 전기자동차를 생산 및 판매하지 못하자, 그들은 전기자동차 수요가 줄었다는 식으로 자신들의 실패를 그럴듯하게 포장했다. 하지만 전 세계 배터리 기반 순수 전기자동차(BEV)의 판매량은 한 번도 감소한 적이 없다. 오히려 2023년 단일 모델 기준 테슬라 '모델 Y'가 전 세계에서 가장 많은 판매량(122만 3,000대)을 기록했다. 전기자동차로서는 자동차 역사상 처음으로 달성한 기록이며, 5,000만 원이 넘는 자동차가 판매 1위를 기록한 것 역시 처음이다. 이는 충분히 상품성이 좋다면 가격이 비싸더라도 전기자동차를 구매하려는 수요가 충분하다는 것을 보여 준다. 즉, 기존 자동차 기업들은 전기자동차를 안 만드는 게 아니라 제대로 생산하지 못하는 것이다. 그들의 주력 상품은 여전히 내연기관 자동차와 내연기관이 중심이 되는 하이브리드 자동차고, 전기자동차는 구색 맞추기에 불과하다.

왜 그럴까? 이는 내연기관 자동차를 만들어 팔던 기존 자동차 기업들이 전기자동차 생산으로 전환하는 게 정말 어렵기 때문이다. 내연기관 자동차를 대량생산했던 경험이 있다면, 전기자동차 역시 쉽게 대량생산할 수 있을 것이라는 논리는 자동차 업계의 현실을 이해하지 못해서 생긴 착각이다.

제일 큰 문제는 전기자동차와 내연기관 자동차에 들어가는 부품의 종류와 개수의 차이다. 내연기관 자동차에 들어가는 부품은 대략 3만 개인 반면 전기자동차에 들어가는 부품은 1만 5천 개에서 2만 개 수준이다. 앞으로 완전 자율주행 기술이 도입되면 사이버캡처럼 운전대, 페달, 사이드미러 등이 사라지므로 부품은 더욱더 줄어든다. 게다가 내연기관 자동차와 전기자동차에 들어가는 부품의 종류도 다르다. 전기자동차에는 엔진 부품이 전혀 안 들어가고, 내연기관 자동차에는 배터리, 모터 부품이 들어가지 않는다.

따라서 내연기관 자동차를 주로 만들던 기존 자동차 기업이 주력 제품을 전기자동차로 전환하려면 기존 공급망(Supply Chain)을 완전히 바꿔야 하는데, 이는 사실상 불가능하다. 쉽게 예를 들어 보겠다. 현대자동차그룹에서 생산하는 엔진에 들어가는 부품을 생산하는 회사가 있다고 하자. 만약 이 회사가 '아반떼'에 들어가는 엔진 부품을 생산해 납품하고 있다면, 특별한 품질 혹은 가격 문제가 없는 한 신형 아반떼에 들어가는 엔진 부품도 수주받을 것이다. 하지만 어느 날 신형 아반떼를 전기자동차만 생산하기로 했고, 때문에 엔진 부품 수주를 줄 수 없다고 하면 어떻게 될까? 하루 아침에 해당 매출이 0이 되는 것이다. 만약 이 회사의 주력 상품이 엔진 부품이라면 회사가 순식간에 사라질 수도 있다.

만약 현대차가 기회를 주겠다며 한 번도 만들어 본 적 없는 전기자동차 전용 부품을 만들어 보라고 하면 어떨까? 처음 만드는 제품이니 당연히 품질과 납기를 맞추기 훨씬 어려워진다. 적절한 가격도 알기 어려우니 안 그래도 가격 결정권이 거의 없는 협력업체 입장에서는 사실상 제시한 가격을 그대로 받아들여야 한다. 어렵게 개발 및 생산해도 팔면 팔수록 회사 손해가 커질 수도 있다. 아무리 을의 위치에 있는 협력업체라도 회사 생사가 걸린 문제라 이런 위험을 군소리없이 감당하지 않는다.

심각한 문제는 현대자동차그룹에 납품하는 국내 협력 업체가 수만 곳이라는 데에 있다. 더구나 협력 업체들끼리의 관계는 거미줄처럼 아주 복잡하고 단단히 연결되어 있다. 현대자동차그룹이 전기자동차 생산 체제로 전환하려면 이 거대하고 복잡한 공급망을 새로 개편해야 한다.

공급망 문제를 해결하더라도, 내부 조직을 전기자동차 생산 체제로 전환해야 하는 어려운 문제가 남아 있다. 부품 수가 줄어드는 만큼 조립 인력, 구매 및 부품 설계 인력이 필요 없어지고, 기존 내연기관 자동차에만 들어갔던 부품을 담당했던 인력은 바로 잉여 인력이 된다. 금속 노조 중에서도 강성으로 분류되는 자동차 노조가 있는 한, 이런 이유로 구조 조정을 하기는 어렵다. 어쩔 수 없이 이 잉여 인력을 재교육해 전기자동차 개발 및 생산 라인에 투입해야 하는데, 효율성도 떨어지고 노동자들의 반발을 사게 된다. 수십 년 동안 엔진을 조립했던 사람이 어느 날 갑자기 처음 보는 배터리를 조립해야 한다고 생각해 보라.

공장 개조도 쉽지 않다. 내연기관 자동차 생산 공장을 전기자동차 생산 공장으로 완전히 바꾸는 것도 어렵다. 하물며 기존 자동차 기업은 공급망이나 직원 고용 때문이라도 기존 내연기관 자동차를 당분간 생산해야 한다. 따라서 내연기관 자동차만 생산했던 공장을 내연기관 자동차와 전기자동차를 같이 생산할 수 있는 공장으로 만들어야 한다. 당연히 돈은 새 공장을 만드는 것만큼 필요하지만, 한 종류의 자동차만 생산하는 공장보다 효율이 떨어질 수밖에 없다.

이런 문제들을 해결하기 위해 기존 자동차 기업들은 뒤늦게 전기자동차 전용 공장을 짓기 시작했다. 기존 공장을 개조할 필요도 없고, 기존 인력을 재배치, 재교육할 필요 없이 새로 인원을 뽑아 배치할 수 있기 때문이다. 대표적인 예로 2023년 11월에 착공한 현대자동차 울산 전기자동차 전용 공장이 있다. 현대자동차그룹은 이 공장을 '전기자동차 시대로의 대전환'으로 홍보했다. 그러나 사실 이는 사실상 기존 공장, 기존 인력으로 경쟁력 있는 전기자동차의 대량생산이 어렵다는 사실을 인정한 것이다. 이 전기자동차 전용 생산 공장은 2025년 완공 예정이고, 생산은 2026년 1분기부터이며 연간 생산량 목표는 20만 대다. 반면 테슬라는 이미 4개의 공장에서 235만 대 이상 생산할 수 있는 능력을 가지고 있으며, 기가팩토리 상하이는 2023년에 94만 7,000대의 전기자동차를 생산했다.

쉽게 말해 뒤처진 마라톤 선수가 속도도 더 느린 상황이다. 어떻게든 간격을 좁힐 방법을 찾아야 한다. 하지만 만약 뒤에 있는 마라톤 선수가 간격을 좁힐 의지마저 없으면 어떻게 될까?

기존 자동차 기업들에게
전기자동차는 빛 좋은 개살구다

앞에서 언급한 현대자동차그룹의 전기자동차 전용 생산 공장 착공 발표만 보더라도, 기존 자동차 기업들은 언제나 적극적으로 전기자동차 생산량을 늘리려고 노력하는 것처럼 보인다. 하지만 실상은 전혀 그렇지 않다. 기존 자동차 기업들은 전기자동차를 적극적으로 팔고 싶어 하지 않는다. 이유는 단순하다. 돈이 되지 않기 때문이다. '전기자동차가 내연기관 자동차보다 훨씬 비싼데 돈이 왜 안 돼?'라고 생각하는 사람도 있을 것이다. 하지만 중요한 건 판매가가 아니다. 아무리 비싼 제품이라도 그 제품을 만드는 데 들어간 원가가 더 높다면 팔수록 손해만 늘어날 뿐이다.

실제로 거의 모든 기존 자동차 기업들은 실적을 발표할 때 회사 전체의 이익률만 발표할 뿐, 차량 종류별 이익률을 알려 주지 않는다. 만약 전기자동차 이익률이 내연기관 자동차 이익률보다 비슷하거나 높다면, 회사 입장에서는 좋은 홍보 자료이기 때문에 이를 숨길 이유가 전혀 없다. 기존 자동차 기업 중에 거의 유일하게 포드만 전기자동차 부문 실적을 따로 발표하는데, 2024년 상반기에만 무려 25억 달러(약 3조 5,000억 원)의 손실을 기록했다. 정도의 차이는 있지만, 기존 자동차 기업들은 전기자동차 때문에 상당한 손실을 보고 있다. 그들에게 전기자동차는 빛 좋은 개살구에 불과하다.

기존 자동차 기업들이 전기자동차 생산 및 판매에 소극적인 이유가 하나 더 있다. 성공적으로 전기자동차로 전환된다고 해도 기존에 가지고 있던 주도권을 상당 부분 잃게 될지도 모른다는 두려움 때문이다. 이는 기존 자동차 기업이 어떤 식으로 주도권을 가졌는지 보면 알 수 있다.

내연기관 자동차에서 가장 중요한 부품은 무엇일까? 일반인이든, 자동차 업계에 있는 사람들이든 '엔진'이라고 대답할 것이다. 실제로 엔진은 내연기관 자동차에서 가장 비싼 부품이자, 대단히 높은 기술력을 필요로 하는 부품이다. 그래서 내연기관 시대에는 엔진 개발 능력과 엔진 성능이 곧 자동차 기업의 경쟁력이자 기술력의 척도였다. 그래서 현재까지 살아남은 자동차 기업은 자체적으로 엔진을 생산할 수 있는 능력을 갖췄다.

현대자동차그룹의 역사에서도 이는 고스란히 드러난다. 고(故) 정주영 현대그룹 명예 회장은 엔진을 자체 개발해야 현대자동차그룹에 미래가 있다고 판단해, 회사의 사활을 걸고 1980년대부터 독자 엔진을 개발했다. 당시 현대자동차에게 기술을 지원하던 미쓰비시는 현대자동차의 엔진 개발을 중지하려고 각종 압박과 회유를 시도했을 정도였다. 그런 어려움을 뚫고 1991년, 현대자동차는 첫 독자 엔진인 '알파엔진'을 선보였다. 현대자동차의 첫 독자 모델인 '포니'가 무려 16년 전인 1975년에 나왔다는 걸 생각하면, 엔진 개발이 얼마나 어려운지 알 수 있다. 현대자동차는 이후 '세타엔진', '감마엔진' 등을 연이어 개발하면서 본격적으로 글로벌 자동차 기업으로 발돋움했다. 이처럼 내연기관 시대에 엔진 기술은 자동차 기업의 운명을 좌우할 만큼 중요했다.

같은 논리로 전기자동차의 핵심 부품은 '배터리'라고 할 수 있다. 심지어 자동차 생산 원가에서 차지하는 비중은 내연기관 자동차에서의 엔진보다 더 높다. 전기자동차가 내연기관 자동차보다 비싼 제일 큰 이유는 배터리 때문이다. 그런데 배터리는 엔진과 달리 기존 자동차 기업들이 생산하지 않는다. 배터리 생산이나 기술 모두 CATL, LG 에너지솔루션 등 배터리 생산 업체에 전적으로 의존하고 있다. 그래서 고객사인 기존 자동차 기업도 협력 업체인 배터리 공급 업체에게 오히려 끌려다니는 경우가 많다. 기존 자동차 기업 입장에서는 전기자동차 시장이 커질수록 자동차에 제일 중요한 부품에 대한 가격과 기술 주도권을 계속 잃어 가는 셈이다.

이를 보여 주는 대표적인 사례가 앞서 언급했던 '배터리 화재'다. 직접 개발한 엔진에 문제가 발생할 경우 기존 자동차 기업은 발 빠르게 대처할 수 있다. 하지만 배터리에 문제가 생기면 원인 파악부터 쉽지 않다. 배터리 생산 업체는 결코 호락호락하게 결함을 인정하지 않고, 기존 자동차 기업은 기술적 주도권이 없기 때문에 결함을 밝혀내기 쉽지 않다. 그래서 일단 해당 배터리를 사용하는 모든 차량의 생산을 중단한다. 이렇게 되면 피해액은 더 커지게 되고, 보상해야 할 액수가 늘어나므로 배터리 생산 업체는 더더욱 결함을 인정하지 않는 악순환에 빠진다.

특히 배터리는 배터리 공급 업체가 만들지만, 그 배터리를 제어하는 소프트웨어인 BMS(Battery Management System, 배터리 관리 시스템)는 기존 자동차 기업에서 만들기도 한다. 이 경우 배터리 공급 업체는 BMS가 문제라고 주장하며 첨예하게 대립한다. 그래서 한 번 배터리 화재가 발생하면 기존 자동차 기업은 거의 대부분 배터리 공급 업체와 몇 년에 걸친 소송전 혹은 피해 보상 협상에 돌입하게 된다. 설령 배터리 생산 업체의 잘못으로 판명이 나서 보상을 받더라도 돈으로 환산할 수 없는 이미지 손상을 입게 된다. 대중은 사건을 '배터리 화재'가 아닌 '차량 화재'로 인식하기 때문이다.

여기에 기존 자동차 기업이 굳이 전기자동차를 고생하며 만들 필요가 없는 이유가 하나 더 있다. 내연기관 자동차만 따로 보면, 현재 기존 자동차 기업은 역사상 가장 많은 이익을 남기고 있기 때문이다. 현대자동차그룹만 보더라도 2023년 매출액 432조 원, 당기순이익 27조 원으로 역대 최대 매출을 기록했다.

이렇게만 보면 앞으로 내연기관 자동차 시장이 계속 유지되고 전기자동차의 시대가 오지 않을 것 같다. 하지만 이것은 착시다.

2023년에 역대 최대의 매출과 당기순이익을 기록했다는 것만 보면 2023년의 차량 판매 대수 역시 역사상 가장 많았을 것 같지만 그렇지 않다. 현대자동차그룹의 차량 판매 대수가 800만 대를 넘긴 적은 2014년과 2015년 단 두 번뿐이며, 2023년 도매 판매량은 730만 대에 불과하다. 이는 현대자동차그룹에만 해당되는 현상이 아니다. 전 세계 자동차 판매량은 2017년에 9,730만 대로 정점을 찍은 이후 2023년까지 그 기록을 넘지 못하고 있다. 그런데 그사이에 전기자동차 판매량은 빠르게 늘었으니, 내연기관 자동차 판매량은 2017년 이후 지속적으로 줄었다는 뜻이다. 바꿔 말하면, 기존 자동차 기업들은 내연기관 자동차를 적게 팔면서도 많이 이익을 남겼다는 뜻이기도 하다.

어떻게 이게 가능했을까? 기존 자동차 기업들이 전기자동차로의 전환을 핑계 삼아 더 이상 새로운 내연기관 플랫폼, 엔진, 변속기 개발에 거의 돈을 쓰지 않았기 때문이다. 그래서 최근에 나온 내연기관 자동차 모델들은 이전 모델과 플랫폼, 엔진이 사실상 똑같다. 비용이 가장 큰 부분에 돈을 쏟지 않으니 가격을 크게 올리지 않아도 내연기관 자동차 한 대당 버는 이익이 엄청나게 올라갔다. 그렇다고 과거에 엔진을 개발할 때처럼 배터리를 개발하는데 엄청난 돈을 쏟아붓는 것도 아니다. 설령 전기자동차를 판매할 때마다 손실이 난다고 해도, 전기자동차 판매량이 상대적으로 워낙 적으니 내연기관 자동차 판매에서 생기는 이익이 충분히 만회하고도 남는 것이다.

기존 자동차 기업들이 전기자동차 생산 체제로 전환하려면 회사 안팎의 대대적인 저항을 이겨 내야 한다. 설령 생산하더라도 온갖 비효율성 때문에 생산 원가가 높아 팔아도 남는 게 없다. 가격 주도권 뿐만 아니라 배터리 같은 핵심 부품의 기술 주도권도 가지고 있지 않다. 즉, 기존 자동차 기업은 제대로 된 전기자동차를 대량생산할 능력도, 구태여 노력을 쏟아서 만들어야 할 필요성도 느끼지 못하고 있다.

그렇다면 앞으로 기존 자동차 기업은 어떻게 될까? 이를 위해 한 기업의 역사를 살펴보자.

역사를 통해 예상하는
기존 자동차 기업의 미래

코닥이라는 기업을 아는가? 과거 필름카메라를 써 본 경험이 있는 사람에게는 무척 친숙한 기업이다. 하지만 어떤 이는 코닥을 의류 브랜드로 알고 있을 것이다. 한 의류 업체가 코닥의 상표권을 빌려서 코닥 어패럴이라는 의류 브랜드를 만들어 옷을 팔고 있기 때문이다. 코닥은 1888년에 창립되어 100년이 넘는 역사를 가진 기업이지만, 2012년에 파산 보호 신청을 했다. 회사가 공중 분해 되지는 않았지만, 예전 '필름 제국'의 명성은 더는 찾아볼 수 없다.

코닥이 몰락한 이유는 누구나 알듯 디지털카메라 때문이었다. 디지털카메라가 대중화되면서 필름의 수요가 빠르게 줄어들었는데, 코닥은 이 흐름을 따라가지 못했다. 하지만 코닥이 기술적으로 준비가 되지 않았던 것은 아니었다. 오히려 반대였다. 놀랍게도 코닥은 1973년에 세계최초로 디지털카메라를 발명했다. 1989년에는 지금도 쓰고 있는 DSLR 방식의 디지털카메라를 개발했다. 누구보다 빠르게 디지털카메라 기술을 개발해 놓고도 디지털카메라 때문에 회사가 고꾸라진 것이다.

왜 이런 어처구니 없는 일이 발생했을까? 필름으로 벌어들이는 돈을 포기할 수 없었기 때문이다. 코닥은 디지털카메라가 필름 매출에 타격을 줄 것을 우려해 일부러 상용화하지 않았다. 덕분에 코닥은 디지털카메라를 발명하고 나서도 한동안 필름을 잘 팔 수 있었다. 그러나 결국 2000년대 들어서 디지털카메라가 대중화되면서 필름 판매량이 떨어지기 시작했다. 하지만 코닥은 그 흐름에 발맞추기는커녕 자신들이 보유한 디지털카메라와 관련된 특허를 활용해 디지털카메라 생산 기업들에게 로열티 수익을 받는데 만족했다. 하지만 시간이 지나 코닥이 가지고 있던 디지털카메라 관련 특허는 결국 만료되었고, 코닥은 특허 만료 5년 만에 파산 보호 신청을 했다.

지금은 그때보다 세상이 더 빨리 변하고 있다. 필름카메라에서 디지털카메라로 시장이 전환된 지 불과 20년도 되지 않아서 개인용 디지털카메라는 스마트폰으로 대체되었다. 이 변화에서 코닥처럼 몇몇 디지털카메라 기업이 사라지거나 상당히 어려움을 겪었다. 이처럼 세상이 변하는 속도는 점점 빨라지는데, 기업은 점점 따라가기 어려워한다. 이는 숫자로도 증명된다. 미국의 대표적인 주가지수인 S&P 500에 편입되어 있었던 기업의 평균 수

명은 1977년 36.4년에서 2020년 21.4년으로 40% 넘게 줄어들었다. 그리고 이 추세는 앞으로 계속될 것으로 보고 있다.

그런데 시장의 패러다임이 전환하는 시기라고 해도, 기존에 팔던 제품이나 서비스 수요가 어느 순간 갑자기 사라지지는 않는다. 오히려 패러다임 전환기라는 이유로 기존 제품에 대한 개발을 멈추면서 이익은 더 올라갈 수도 있다. 하지만 이때 기존에 팔던 제품이나 서비스에만 의존하면 패러다임 전환이 끝나는 순간 빠르게 무너진다. 한때 거대 시장의 패러다임을 주도했던 코닥이나 노키아도 사람들의 생각보다 훨씬 빨리 몰락했다.

이를 자동차 산업에 적용해 보자. 현재 기존 내연기관 자동차에 전기자동차, 자율주행 자동차로 패러다임이 전환되고 있지만, 이에 제대로 대응하는 기존 자동차 기업은 거의 없다. 심지어 몇몇 회사는 대놓고 패러다임 전환을 최대한 늦추려고 안간힘을 쓰고 있다. 이는 마치 디지털카메라 시대를 늦춰서 필름 판매량을 유지하려는 코닥과 같다. 하지만 코닥의 방해에도 다른 기업들이 디지털카메라의 대중화를 이끌었듯이 테슬라가 전기자동차의 대중화를 이끌어냈다. 역사의 패턴이 반복된다면, 전기자동차 시대가 활짝 열렸을 때 패러다임 전환을 거부하던 기존 자동차 기업은 빠르게 몰락할 것이다. 그리고 이는 이미 몇몇 기존 자동차 기업에서 현실로 서서히 드러나고 있다.

2024년 12월, 우리나라에서도 실적 부진으로 철수한 닛산이 혼다와의 합병을 추진한다고 공식적으로 발표했다. 표면적으로는 합병이지만, 통합 지주사의 사장을 혼다가 맡기로 한만큼 합병의 주도권은 혼다 쪽에 있다. 이렇게 된 이유는 닛산이 혼다보다 더 상황이 좋지 않아 합병을 더 절박하게 원하기 때문이다. 닛산은 이미 전 세계 직원의 6.9%에 해당하는 9,000여 명 감원까지 이미 발표했을 정도로 상황이 좋지 않았다. 특히 중국에서의 판매율이 급감했는데, 닛산의 자리를 중국 업체들의 전기자동차가 차지했다. 아이러니한 점은 세계 최초의 양산 전기자동차인 '리프(Leaf)'를 만든 회사가 바로 닛산이라는 점이다. 분명 시장을 선도했지만, 내연기관 자동차에 의존하다가 후발 주자들에게 역전당한 것이다.

자동차 왕국 독일을 대표하는 폭스바겐의 상황도 좋지 않다. 폭스바겐은 1937년 창립 이후 처음으로 독일 내 자동차 생산 공장을 폐쇄하고 직원의 10%를 해고하려다가 노조의 엄청난 반발을 샀다. 결국 2030년 말까지 공장을 폐쇄하지 않기로 한 발 물러났지만, 대신 3만 5,000개의 일자리를 줄이기로 노조와 합의했다. 폭스바겐그룹의 산하 브랜드인 아우디 역시 벨기에 브뤼셀 공장을 2025년 2월에 폐쇄할 것이라고 공식 발표했다.

그렇다면 테슬라가 만드는 전기자동차는 기존 자동차 기업이 만드는 자동차와 어떤 차이가 있을까? 다음에서는 테슬라 생태계의 핵심 요소인 테슬라 전기자동차가 가진 경쟁력에 대해서 알아 보자.

테슬라 전기자동차의 특징

수직통합

'수직통합(Vertical Integration)'은 조직의 관점에서 보면 생산의 수직계열상에 있는 두 기업이 법적으로 하나의 기업이 되는 것이다. 경영 전략 관점에서 보면 '부품 생산-조립-판매'의 수직적 단계 중 2개 이상의 단계를 한 회사가 동시에 운영하는 것이다. 수직통합을 하는 이유는 기술 유출 방지, 유연한 재고 관리, 조직통합으로 인한 비용 절감 등이다. 제조업에서 수직통합에 의한 효과가 크기 때문에 기존 자동차 기업들도 부품을 완성차업체에 공급하는 계열사를 보유하고 있다. 현대자동차그룹의 현대모비스와 도요타의 덴소(Denso) 등이 이런 역할을 담당한다. 하지만 기존 자동차 기업은 자동차 부품의 상당 부분을 외부 협력 업체에 의존하고 있다. 더는 수직통합으로 얻을 수 있는 효과가 크지 않기 때문이다.

기존 자동차 기업들의 대대적인 마케팅과 달리 사실 내연기관 자동차에는 지난 20~30년 동안 완전히 새로운 기술을 통한 '혁신'이 없었다. 예전이나 지금이나 자동차의 핵심 부품인 엔진, 조향 장치, 서스펜션, 제동 장치의 기본 원리와 구조는 달라지지 않았다. 따라서 이 부품에 들어가는 기술은 이미 상당히 성숙했다. 성능에 아주 중요한 영향을 미치거나 기술 유출의 위험성이 있는 핵심 부품을 제외하면 굳이 자체 생산할 필요가 없어졌다.

거기다가 기존 자동차 기업에 종사하는 노동자들의 임금이 빠르게 상승했다. 실제로 현대자동차에는 2023년에 10년 만에 생산직을 뽑았는데, 당시 홈페이지가 마비될 정도로 지원자들이 몰렸다. 성별과 연령 제한 없이 누구나 지원할 수 있는 현대자동차 생산직의 평균 연봉이 1억 원에 육박했기 때문이다. 나는 협력 업체에서 일하면서 완성차업체와 협력 업체의 인건비 차이를 피부로 경험했다. 따라서 기존 자동차 기업 입장에서는 수직통합을 통한 비용 절감보다 외부 협력 업체에서 부품을 사 오고 인건비를 줄이는 것이 훨씬 효율적이었다.

내연기관 자동차에서 지난 몇십 년간 크게 발전한 부분은 따로 있는데 바로 전자 장치다. 특히 최근에는 운전자를 돕는 주행 보조 장치나 각종 정보 확인, 기능 조작, 오락거리 소비까지 가능한 멀티미디어 시스템인 '인포테인먼트(infotainment)' 같은 전자 장치의 비중이 커지고 있다. 하지만 이 역시 자동차 업계에 비교적 늦게 적용되었을 뿐 전자 업계에서는 상당히 오래 발전한 기술들이다. 그래서 기존 자동차 기업들은 이런 전자장치와 이 장치들을 구동하는 소프트웨어를 다른 부품처럼 외주 전자 업체에게 저렴하게 사 오는 방법을 선택했다. 앞에서 설명했듯이 기존 자동차 기업은 자동차를 오로지 사람 혹은 화물을 나르는 수단으로만 봤기 때문에 전자 장치와 소프트웨어를 돈 들여 직접 개발할 필요성을 느끼지 못했다.

하지만 테슬라는 자동차를 바라보는 관점이 달랐기에 자동차 설계와 기술 개발 과정 역시 기존 자동차 기업과는 확연히 달랐다. 앞서 말했듯이 테슬라는 전기자동차를 지속 가능한 에너지와 AI 기반의 '테슬라 생태계'에서 중요한 역할을 담당하는 핵심 요소로 생각했다. 그래서 처음 설계할 때부터 '움직이는 에너지 저장소', 'AI 데이터 수집기', 'AI 적용 기기'로서의 역할에 필요한 배터리 기술, 반도체 설계 기술, 소프트웨어 기술 등을 개발할 필요가 있었다. 회사가 지향하는 목표를 이루기 위해 꼭 확보해야 하는 기술이었기 때문에 다른 회사에 맡길 수 없었다. 그리고 이 기술들은 서로에게 영향을 주기 때문에 내부에서 유기적으로 개발해야 개발 비용과 기간을 줄이고 기술 수준을 높일 수 있었다. 이를 위해 테슬라는 관련 기술을 가진 회사들을 꾸준히 인수합병하고 있다.

이런 수직통합 때문에 테슬라는 기존 자동차 기업과 달리 배터리 생산 업체를 상대로 기술이나 가격 주도권을 잃지 않을 수 있었다. 테슬라는 2020년 배터리 데이를 통해 4680이라는 독자적인 배터리 규격을 발표했다. 단순히 기술을 개발하고 규격을 발표하는 데에서 끝나지 않았다. 테슬라는 직접 4680 배터리 생산 공장을 짓고 빠르게 생산 속도를 늘려 나갔다. 2022년 1월에는 백만 번째, 17개월 뒤인 2023년 6월에는 천만 번째, 15개월 뒤인 2024년 9월에는 1억 번째의 4680 배터리 셀을 생산했다. 이렇게 테슬라가 자체 기술과 생산능력을 보유하고 있으니 기존 자동차 기업들에게 강한 모습을 보였던 배터리 공급 업체들도 테슬라가 원하는 규격, 가격, 물량을 맞춰 줄 수밖에 없게 되었다.

의도하지 않게 테슬라의 이런 수직통합이 빛났던 사례가 하나 더 있는데, 바로 코로나 펜데믹 때 생긴 반도체 공급 대란이다. 기존 자동차 기업들은 기존 협력 업체에게 원래 받던 반도체 칩을 하염없이 기다리면서 공장 가동을 멈출 수밖에 없었다. 전자 장치가 제대로 작동하기 위해서는 반도체 칩뿐만 아니라 그 칩에 들어가는 프로그램인 '펌웨어'가 필요한데, 이 펌웨어 제작 역시 협력 업체에 철저히 의존했기 때문이다. 반도체 공급 대란이 계속 길어지면서 기존 자동차 기업들의 손해가 눈덩이처럼 커지자, 결국 몇몇 반도체 칩이 빠진 상태로 고객에게 차량을 출고하기 시작했다. 고객들은 나중에 부품을 설치해 준다는 기업의 약속이나 약간의 할인을 받은 채 주행 보조 장치, 라디오, 열선 시트 등의 기능이 빠진 차량을 받아야 했다.

반면 테슬라는 반도체 공급 대란으로 인한 피해가 훨씬 적었다. 테슬라는 다량의 저성능 반도체 칩을 이용한 기존 자동차 기업들과 달리, 개수는 적지만 성능이 높은 반도체 칩들로 차량 전체를 제어하도록 차량을 설계했다. 이런 노력에도 반도체 공급에 어려움을 겪자 테슬라는 곧바로 기존 공급망 외에 반도체를 공급해 줄 수 있는 업체를 적극적으로 찾았다. 그리고 기존과 다른 반도체 칩을 받아 펌웨어를 직접 다시 작성해 테슬라 차량에 설치했다. 이는 테슬라가 기존 자동차 업체들과 달리 반도체 설계와 소프트웨어에 대한 이해도가 높았기에 가능한 방법이었다.

소품종 대량생산

현재 나이가 30대 이상이라면 학창 시절에 학교에서 '앞으로
는 소품종 대량생산에서 다품종 소량생산으로 변화할 것이다'라
는 내용을 배웠을 것이다. 그리고 지금, 3D 프린터 등을 통한 다
품종 소량생산은 분명 보편화되었다. 하지만 그렇다고 해서 소품
종 대량생산이 사라지지는 않았다. 오히려 '생태계'를 무기로 전
세계에서 매출과 이익을 엄청나게 끌어올리는 글로벌 기업들은
모델 종류가 상대적으로 적다.

애플을 예로 들어 보자. 애플의 아이폰은 기존의 '폼 팩터(Form
Factor)'를 이용해 몇 년에 한 번 나오는 '아이폰 SE'를 제외하면
1년에 딱 4종류의 아이폰만 출시된다. 이 마저도 최근 몇 년 사
이에 종류가 늘어난 것이고, 원래는 1년에 한 종류의 아이폰만
출시되었다. 반면 삼성의 경우 플래그십인 갤럭시 S 시리즈, Z

시리즈부터 보급형인 A, M, F 시리즈 등 매년 10개 이상의 스마트폰을 출시한다.

테슬라도 애플처럼 철저히 소품종 대량생산을 추구한다. 2024년 현재 테슬라가 판매하는 자동차 모델은 S, 3, X, Y, 사이버트럭까지 5종뿐이며, 이 중 90% 이상은 모델 3와 Y가 차지하고 있다. 반면 기존 자동차 기업들은 최소 수십 종, 폭스바겐그룹처럼 보유 브랜드가 많은 경우 수백 종의 자동차를 팔고 있다.

애플이나 테슬라가 소품종 대량생산을 추구하는 이유는 명확하고 단순하다. 원가를 줄여 이익을 극대화하기 위해서다. 이는 애플의 아이폰과 테슬라의 전기자동차 내부를 보면 쉽게 알 수 있다. 두 회사의 제품 내부를 보면 분명 다른 모델이어도 같은 부품을 상당히 많이 공유하고 있다. 안 그래도 모델 수가 적은데 그 모델들 사이에서도 같은 부품을 공유하도록 설계해서 높은 생산 효율과 비용 절감을 달성한 것이다.

일례로 애플은 스마트폰과 태블릿의 두뇌 역할을 담당하는 AP(Application Processor)의 종류를 최소화해 다양한 모델에 탑재한다. 2021년에 나온 'A15 바이오닉'의 경우 아이폰 13 시리즈 4종, 아이폰 14, 아이폰 14 플러스, 아이폰 SE 3세대, 아이패드 미니 6세대, 애플 TV 3세대 등 무려 9개의 모델에 탑재되었다. 애플의 스마트폰 판매량만 매년 2억 대가 넘기 때문에 A15 바이오닉 칩셋은 보수적으로 잡아도 3억 개 이상 판매되었다. 이런 애플의 전략과 판매량 때문에 AP를 공급하는 세계 최대의 파운

드리 업체인 TSMC는 애플을 최우선 고객으로 생각한다. 덕분에 애플은 TSMC의 최신 공정을 제일 먼저 배정받아 AP의 성능을 끌어올리면서도 상대적으로 다른 TSMC 고객에 비해 저렴하게 AP를 공급받고 있다.

반면 삼성의 경우 스마트폰 모델 종류만큼이나 AP가 다양하다. AP를 만드는 회사도 한국 삼성전자(엑시노스), 미국 퀄컴(스냅드래곤), 대만 미디어텍(디멘시티) 등으로 나뉜다. 당연히 각 AP 당 수량이 애플보다 훨씬 적어서 가격 경쟁력을 가지기 어렵다. 애플은 이 같은 소품종 대량생산의 전략으로 스마트폰 판매량이 삼성과 비슷하지만, 스마트폰에서 만드는 이익은 7배가 넘는다. 참고로 전 세계 스마트폰 판매로 발생하는 이익의 80% 이상은 애플로부터 나오며, 애플과 삼성을 제외하면 스마트폰으로 의미 있는 이익을 남기는 기업은 없다.

테슬라 역시 그리 많지 않은 모델 사이에서도 같은 부품을 공유하고 있다. 미국의 샌디 먼로라는 엔지니어는 테슬라 차량을 직접 구매해 분해한 뒤 각 모델에서 인버터 모듈을 떼어 냈다. 인버터는 배터리에서 들어오는 직류 전기를 교류 전기로 변환해 모터로 보내 주는 전기자동차의 핵심 부품이다. 샌디 먼로는 고성능 모델인 테슬라 모델 S 플레드(Plaid) 인버터 모듈의 하우징이 모델 3와 모델 Y 인버터 모듈의 하우징과 서로 호환됨을 입증했다. 이처럼 테슬라는 모델과 부품 수를 최대한 줄이고 생산량을 늘리는 '규모의 경제'를 이용해 한 대당 생산 비용을 낮춰 기존 자동차 기업과 달리 전기자동차 판매만으로도 이익을 내고 있다.

그렇다면 왜 애플을 제외한 다른 스마트폰 업체와 테슬라를 제외한 기존 자동차 기업들은 매출과 이익을 극대화할 수 있는 소품종 대량생산을 하지 않는 것일까? 정확히는 하지 않는 것이 아니라 못하는 것이다. 나는 아버지 회사에 근무할 때, 왜 기존 자동차 기업들이 부품 공유를 제대로 하지 못하는지 직접 경험했다.

아버지 회사의 주력 상품인 조향 장치 부품은 대부분 현대자동차그룹이 생산하는 다양한 차량 모델에 들어갔다. 그런데 현대자동차그룹에서는 차종마다 해당 부품의 사양을 조금씩 다르게 요구했다. 차이가 큰 것도 아니고 길이와 지름만 몇 mm씩 달랐다. 회사에서는 현대자동차그룹에게 단가를 인하해 줄 테니 부품 사양을 통일해 달라고 여러 차례 부탁했다. 회사 입장에서는 단가를 내리더라도 한 가지 사양으로 생산량을 크게 늘리면 비용이 더 크게 감소해 오히려 이익이 증가하는 데다 품질 및 납기 관리도 훨씬 편해지기 때문이었다. 반면 현대자동차그룹 입장에서는 이미 각 차종별로 부품 사양이 다른 상황에서 부품 하나의 설계를 통일하는 순간, 각 차종별로 그 부품과 연결된 수많은 부품의 설계도 수정해야 한다. 이렇게 수많은 부품의 설계가 바뀌면, 이 부품들을 생산하는 여러 협력 업체와 부품 단가 재협상, 양산 가능성 및 부품 내구성 재확인 등 해야 할 일이 엄청나게 많다. 그래서 부품 설계의 절대적인 권한을 가진 현대자동차그룹은 이런 협력 업체의 요구를 거의 받아들이지 않는다.

이처럼 부품 하나라도 여러 모델에 동시에 쓰게 만들기 위해서는 고도의 설계 엔지니어링 능력이 필요하다. 또한 수직통합이 잘 되어 있어야 하고 공급망도 단순해야 한다. 무엇보다 부품 공유 비율을 조금이라도 늘려서 원가를 줄여야 한다는 기업 문화와 철학이 뒷받침되어야 한다. 안타깝게도 내 경험상 기존 자동차 기업은 이 중 어느 것 하나 제대로 갖추지 못했다. 반면 테슬라는 뛰어난 설계 능력과 공급망 관리 능력을 바탕으로 상대적으로 저렴한 모델부터 고가의 최상위 모델까지 핵심 부품을 공유해 비용을 절감할 수 있었다. 대중의 인식과 달리 테슬라는 적어도 전기자동차의 설계에 있어서 기존 자동차 기업들보다 월등히 뛰어나다.

소품종 대량생산을 아무 회사나 제대로 할 수 없는 이유가 하나 더 있는데, 바로 '독자적인 생태계'를 갖춘 회사가 거의 없기 때문이다. 앞에서 설명했듯이 애플과 테슬라는 각각 스마트폰과 전기자동차를 중심으로 한 독자적인 생태계를 구축했다. 애플은 모든 하드웨어와 소프트웨어를 직접 설계해 각 기기 간 유기적인 연결이 가능하다. 테슬라 역시 독자적인 충전 인프라인 수퍼차저, 자율주행 기술인 FSD를 갖췄다. 따라서 한 번 애플과 테슬라의 생태계를 경험하면 다른 회사 제품으로 넘어가기도 어렵고 굳이 넘어갈 필요성도 느끼지 못한다. 여기서 그치지 않고 일부 고객은 그 생태계와 회사를 열정적으로 지지하는 팬덤(Fandom)이 된다.

　독자적인 생태계와 그 생태계를 지지하는 팬덤을 가진 기업은 군이 다양한 사람들의 수요를 충족시키기 위해 여러 모델을 개발할 필요가 없다. 기업의 최신 기술이 다 들어간 최상위 모델과 몇 개의 기술이 빠졌지만 충분히 쓸 만한 프리미엄급 모델만 있어도 판매량을 충분히 확보할 수 있다. 또한 생태계의 다른 요소를 활용할 수 있기 때문에 비슷한 스펙, 성능을 지닌 다른 기업의 제품에 비해서 가격을 조금 더 비싸게 책정할 수 있다. 고객 입장에서는 생태계를 이용하기 위한 '생태계 입장료'를 추가로 지불하는 것이다. 반대로 이런 독자적인 생태계가 충분히 구축되지 않은 기업은 '어쩔 수 없이' 다양한 사람들의 수요를 맞추기 위한 여러 모델을 내놓아야 하고 가격도 비싸게 받지 못한다.

　그렇다면 테슬라는 기존 자동차 기업보다 단순히 자동차 설계 능력과 공급망 관리 능력만 뛰어난 걸까? 대중은 상대적으로 오랜 기간 자동차를 만들어 왔다는 이유만으로 기존 자동차 기업들이 적어도 생산 기술에서는 테슬라를 앞선다고 생각한다. 하지만 실상은 그렇지 않다.

기가 프레스

　최근 자동차에 플라스틱, 탄소 섬유 등 다양한 소재가 사용되고 있지만, 여전히 자동차에서 가장 많이 사용되는 소재는 금속, 그중에서도 철이다. 이런 금속을 성형하는 기술에는 크게 두 가지가 있다. 고체 상태로 존재하는 금속에 힘을 가해 성형하는 단조(鍛造, Forging), 온도를 올려 액체 상태로 만든 뒤 원하는 모양으로 된 금형(Die)에 넣어서 식히는 주조(鑄造, Casting)이다. 쉽게 설명하면 대장간에서 칼을 만들 때 쇳덩이를 벌겋게 가열한 뒤 두드려서 모양을 잡는 건 단조 중에서도 열간 단조에 해당한다. 반면 금을 녹인 뒤 틀에 넣어서 원하는 모양의 장신구를 만드는 게 대표적인 주조에 속한다. 기존 자동차 기업들은 지금까지 차량의 뼈대인 차체를 만들 때 주로 '철강 프레스 단조' 공법을 이용했다. 프레스 단조는 넓은 금속판을 프레스(Press)라는 장비를 이용해 눌러서 원하는 모양을 만드는 단조 공법을 말한다. 프레스 단조는 단가가 낮고, 만들기가 쉽다는 장점이 있다. 하지만 복잡한 모양을 만들기 어렵고, 만들 수 있는 크기의 한계가 정해져 있다는 단점이 있다. 그래서 차체를 만들 때 기존 자동차 기업들은 프레스 단조로 만든 작은 조각을 용접 공법으로 이어 붙였다.

용접 공법은 순간적으로 고열을 가해 두 금속판을 이어 붙이는 공법이다. 그런데 이 공법에는 여러 문제가 있다. 먼저 공법 특성상 품질을 균일하게 유지하기 어렵다. 용접할 때마다 용접 부위의 금속 표면, 온도 등이 미세하게 다르기 때문이다. 그런데 자동차 차체를 만들 때 이런 용접을 수백 군데 해야 하므로, 모든 용접 부위를 불량 없이 완벽하게 용접하기 쉽지 않다. 한 군데라도 용접 불량이 생길 확률은 그만큼 높아진다. 더 심각한 문제는 용접이 잘 되었는지 정확히 확인할 방법이 없다는 점이다. 용접이 잘 되었는지 판단하려면 용접을 뜯어내는 '파괴 검사'를 해야 하는데, 검사를 통해 용접이 정상임을 확인해도 그 제품을 쓸 수 없기 때문이다.

용접이 정상적으로 잘 되어도 문제가 완전히 해결되지 않는다. 용접은 공법 특성상 다른 부위에 비해 강도가 떨어진다. 그래서 힘을 강하게 받으면 용접 부위부터 먼저 떨어진다. 거기다 용접은 생산성이 좋지 않은 공정이다. 열이 올라올 때까지 기다리는 시간이 필요하며, 작은 조각으로 차체처럼 크고 복잡한 모양을 만들기 위해서는 여러 단계로 나누어 순차적으로 용접해야 한다.

그래서 차체 용접 공정은 시간이 오래 걸린다.

배터리 때문에 내연기관 자동차보다 훨씬 무거운 전기자동차의 차체를 상대적으로 무거운 금속인 철로만 만드는 것도 바람직하지 않다. 철보다 가벼우면서도 훨씬 강도가 센 탄소 섬유가 있지만, 가격이 매우 비싸고 생산성이 떨어져 수억 원을 호가하는 수퍼카에만 쓸 수 있었다. 그래서 기존 자동차 기업이 찾은 소재가 밀도가 철의 1/3 수준인 알루미늄이었다. 하지만 알루미늄은 같은 무게당 가격이 철보다 비싸고 단조, 주조, 용접 모두 철보다 어렵다는 단점이 있었다. 그래서 기존 자동차 기업은 1억 원이 넘는 고급 차종에만 차체의 일부에 단조로 성형한 알루미늄을 접착제로 붙였다. 엔진보다 비싼 배터리를 넣으면서도 1억 원 이하로 판매해야 하는 대중적인 전기자동차에는 적용할 수 없었다.

테슬라는 기존 자동차 기업과 아예 다른 방법으로 가벼운 알루미늄을 활용할 방법을 생각했다. 그래서 나온 공법이 이른 바 '기가 프레스(Giga Press)'라는 초대형 알루미늄 다이캐스팅 (Die-casting, 금형 주조) 공법(엄밀히 말하면 기가 프레스는 테슬라가 사용하는 알루미늄 다이캐스팅 장비 이름이다. 그러나 기가 프레스가 공법을 뜻하는 표현으로 통용되기 때문에 여기서는 공법 이름으로 쓰겠다)이다. 기가 프레스는 고열로 녹인 액체 알루미늄 합금을 상대적으로 차가운 금형에 주입한 뒤 엄청난 압력을 가해 하나의 큰 알루미늄 부품을 만드는 공법이다.

앞에서 이야기했듯 알루미늄 주조는 철 주조보다 어렵다. 더구나 테슬라는 기존에 알루미늄 다이캐스팅으로는 한 번도 만들어 본 적 없는 크기의 부품을 만들어야 했다. 그래서 테슬라는 수많은 테스트를 통해 기가 프레스에 맞는 알루미늄 합금 조합을 찾아냈다. 기가 프레스에 들어가는 알루미늄 합금은 알루미늄 약 90%에 다른 10여 종의 금속이 10% 정도 들어갔다. 또한 크기가 크고 모양이 복잡한 기가 프레스의 금형에 액체 상태의 알루미늄 합금을 균일하게 넣는 기술도 개발했다. 만약 균일하게 합금을 채우지 않으면 식으면서 기포가 발생할 수 있는데, 그러면 기포가 생긴 부분의 강성이 약해지기 때문이다.

테슬라는 기가 프레스로 품질, 무게, 생산성, 원가 문제를 한 번에 해결했다. 먼저 하나의 거대한 금속 부품을 만들 수 있기 때문에 용접으로 생기는 여러 문제를 원천적으로 차단할 수 있다. 용접이 없어서 용접 부분이 강도가 떨어지는 문제가 없고, 용접을 고려할 필요 없이 부품을 디자인할 수 있어서 무게를 줄일 수 있다. 용접으로 인한 잠재적인 품질 문제가 발생하지 않으며, 기포 문제는 용접과 달리 파괴하지 않고서도 검사할 수 있다. 거기다 기존 용접 공정과는 비교도 안 될 정도로 생산성이 향상되었다. 기가 프레스에서는 기존 수십 개의 금속 조각을 용접한 크기와 맞먹는 거대한 알루미늄 패널이 평균 90초마다 하나씩 생산된다.

기존 공법으로 만든 모델 3의 앞쪽 언더바디와 뒤쪽 언더바디에는 무려 171개의 금속 패널이 들어갔다. 하지만 테슬라는

2020년말부터 모델 Y의 뒤쪽 언더바디 생산에, 그로부터 약 1년 뒤에는 앞쪽 언더바디 생산까지 기가 프레스를 적용해 각각 하나의 패널로 대체했다. 패널 수가 171개에서 단 2개로 줄어듦으로써, 용접 부위 역시 무려 1,600곳 이상 감소하는 효과를 거두었다.

차체 생산 기술에서는 훨씬 기술력이 뛰어나다고 자부했던 기존 자동차 기업들은 테슬라가 기가 프레스라는 공법으로 차체를 만든다고 했을 때 상당히 회의적이었다. 하지만 테슬라가 기존 자동차 기업들이 불가능하다고 생각했던 공법으로 차량을 대량생산하기 시작하자 몇몇 기존 자동차 기업들은 테슬라를 벤치마킹하기 시작했다. 볼보는 기가 프레스와 비슷한 공법인 '메가 캐스팅(Mega Casting)'이라는 공법을 발표했다. 현대자동차그룹도 비슷한 공법에 '하이퍼캐스팅(Hypercasting)'이라는 이름을 붙이고 2026년부터 생산에 들어가는 울산 전기자동차 전용 공장에 도입할 예정이다. 이는 테슬라가 기존 자동차 기업이 자신하던 생산 기술에서도 앞서 있다는 것을 보여 주는 상징적인 사례.

연결성

지난 100여 년 동안 기존 자동차 기업은 자동차를 사람이나 화물을 운반하는 도구로만 생각했다. 따라서 언제나 자동차를 각 운전자가 조작하는 독립적인 개체로 바라봤다. 이 때문에 그들은 항상 자동차의 독립성을 강화하는 방향으로 자동차를 발전시켰다. 예를 들어, 기존 자동차 기업은 반도체 칩과 통신 장비를 엔진이나 변속기를 전자적으로 정밀하게 제어하는 데에 사용했다. 자동차 안의 통신 장비는 어디까지나 자동차 내부의 전자 신호를 주고받는 역할만 담당했다. 고가의 통신 장비가 필요하지 않았기에 기존 자동차 기업은 협력 업체에게 기존에 있는 장비를 최대한 저렴하게 받아오는 데만 집중했다.

시간이 지나 주행 보조 장치, 인포테인먼트 시스템 등이 추가되면서 전자 장치가 늘어났다. 외부와의 연결을 위한 통신 장비나 소프트웨어 개발의 필요성을 느끼지 못했던 기존 자동차 기업은 장비와 소프트웨어를 계속 외부 협력 업체에 의존했다. 결국 기존 자동차 기업이 만든 자동차에는 여러 협력 업체에서 따로따로 받아 온 저가의 저성능 반도체 칩만 잔뜩 늘어났다. 전자 장비를 만든 협력 업체가 제각각이라 외부와의 연결은 고사하고 내부의 전자 장비끼리 시스템 통합도 제대로 이루어지지 않았다. 결국 특정 전자 장비에 문제가 생기면 소프트웨어 수정으로 해결하지 못하고 물리적으로 장비를 교체해야 했다.

반면 테슬라는 전기자동차를 테슬라 생태계의 한 요소로써 생각하고 만들었기 때문에 생태계의 다른 요소와의 유기적인 소통, 즉 연결성(Connectivity)을 중요하게 생각했다. 그리고 이런 유기적인 소통을 위해서는 초고속 무선 통신을 이용해 그 통신으로 주고받는 엄청난 양의 데이터를 처리할 수 있는 뛰어난 컴퓨터 성능이 필요했다. 이는 마치 스마트폰이 고성능 AP와 무선 통신을 이용해 다른 스마트기기와 유기적으로 연결되면서 생태계를 확장하는 것과 같다. 그래서 테슬라는 처음부터 전기자동차를 바퀴가 달린 스마트기기로 생각하고 개발했다. 이를 위해 가격 상승을 각오하고 처음부터 개수는 적지만 성능이 아주 뛰어난 프로세서와 통신 장비를 설치했다. 그리고 이를 통합적으로 제어할 수 있는 소프트웨어를 직접 개발해 스마트폰에 설치된 테슬라 앱, 충전 시설인 수퍼차저와 유기적으로 연결했다.

그래서 테슬라만 제대로 구현하는 기능이 있는데, 바로 앞서 언급한 OTA다. OTA는 무선 통신을 이용해 운영 체제를 업데이트하는 기술이다. 이미 모든 차에 고성능 프로세서, 무선 통신 장비, 통합 운영 체제가 설치된 테슬라는 이 OTA를 이용해 차량을 지속적으로 업그레이드 할 수 있다. 덕분에 테슬라 전기자동차는 정비소를 가지 않아도 새로운 기능 추가, 자율주행 성능 향상, 보안 강화, 버그 수정 등을 언제 어디서든 할 수 있어서 출고 이후에도 차를 개선시킬 수 있다. 이는 스마트폰을 바꾸거나 직접 수리 센터에 들고 가지 않아도 소프트웨어 업데이트로 새로운 기능을 사용하고 버그를 고칠 수 있는 것과 똑같다. 뒤늦게 무선 통신을 이용한 연결성의 중요성을 인식한 기존 자동차 기업은 소프트웨어를 업데이트할 수 있는 시스템을 선보였다. 하지만 테슬라처럼 자동차 전반을 통제하는 운영 체제 업데이트가 아니라 일부 인포테인먼트 시스템 업데이트만 가능하며, 외부 연결 및 기능 확장은 스마트폰에 의지하고 있다.

OTA라는 표현은 원래 컴퓨터와 스마트폰 운영 체제를 무선으로 업데이트하는 기술을 뜻했다. OTA 기술은 사람들에게 너무 익숙해진 나머지 업계는 물론 대중에게도 잘 쓰이지 않아 이름의 존재감이 사라진 상태였다. 하지만 기존 자동차 기업들이 자신들의 자동차가 무선 통신으로 차량 소프트웨어 업데이트가 가능하다는 것을 대대적으로 홍보하기 위해 이 용어를 마케팅에 적극적으로 사용했다. 사람들에게 생소한 용어를 사용함으로써, 마치 기존에 없던 새로운 기술을 적용했다는 느낌을 주기 위해서였다. 이런 것만 보더라도 기존 자동차 기업들이 그동안 얼마나 자동차의 연결성과 무선 통신을 이용한 소프트웨어 업데이트에 관심이 없었는지 알 수 있다.

테슬라 전기자동차의 연결성은 앞서 설명했듯이 자동차 리콜에서 엄청난 힘을 발휘한다. 기존 자동차 기업들이 만든 자동차는 소프트웨어로 해결할 수 있는 리콜이 거의 없어서 리콜 명령을 받을 때마다 해당 차종을 가지고 있는 소비자들이 서비스 센터에 가야 한다. 서비스 센터는 리콜 차량을 수리하느라 정상적인 수리 서비스 제공이 불가능해지고, 회사는 인건비와 부품 비용으로 천문학적인 손실이 발생한다. 반면 테슬라는 거의 모든 리콜을 OTA를 이용해 동시에 그리고 즉시 해결한다. 소비자들은 번거롭게 서비스 센터를 갈 필요가 없고, 테슬라는 리콜로 인한 비용을 사실상 쓰지 않는다.

테슬라의 연결성은 완전 자율주행 기술인 FSD의 완성을 위해서도 필요하다. 테슬라의 뛰어난 하드웨어 성능과 통신 기능 덕분에, 주행 중 쌓이는 데이터를 각 차량에서 테슬라 서버로 원활히 보낼 수 있다. 수많은 테슬라 전기자동차에서 얻은 주행 데이터는 도조나 코어텍스를 통해 FSD 학습에 사용된다. 그리고 이렇게 학습된 AI는 다시 테슬라 전기자동차에 업데이트된다. 그리고 FSD가 차량에 실시간으로 적용될 때도 테슬라의 뛰어난 컴퓨터 성능이 사용된다. 지난 몇 년간 FSD가 발전한 과정을 보면, 지금까지도 제대로 연결성을 확보한 자동차를 만들지 못하는 기존 자동차 기업은 자체적으로 완전 자율주행을 실현할 가능성이 거의 없다.

　지금까지 테슬라 전기자동차가 기존 자동차 기업들이 만든 자동차와 얼마나 다른지 알아보았다. 테슬라라는 회사를 이해하려면 테슬라 생태계에 속한 다른 요소들도 확인할 필요가 있다. 다음부터는 테슬라 생태계의 다른 요소들을 하나씩 확인해 보자.

테슬라 전기자동차 가격이
너무 자주 변한다고?

기존 자동차 기업의 자동차 가격은 보통 자동차의 연식 변경, 부분 변경, 완전 변경 등 차량의 옵션, 디자인, 성능이 달라질 때 변동된다. 반면 테슬라의 자동차 가격은 예고 없이, 수시로 변동된다. 그래서 테슬라 전기자동차 구매자 중 일부는 이런 테슬라 가격 정책에 불만을 가지고 있다. 실제로 중국에서 테슬라가 차량 가격을 예고 없이 인하하자, 가격 인하 전 자동차를 구매한 테슬라 고객들이 집단으로 항의한 적도 있었다. 이렇게 자동차 제조업체가 공개하는 가격만 보면 기존 자동차 기업보다 테슬라의 자동차 가격 정책이 비합리적으로 불투명해 보인다. 하지만 겉으로 보이는 가격이 아닌 실제 고객이 지불하는 가격으로 비교하면 오히려 기존 자동차 기업의 자동차 가격이 훨씬 변동성이 크고 불투명하다. 이를 이해하기 위해 기존 자동차 기업이 가진 자동차 판매 방식의 역사를 살펴봐야 한다.

 19세기 후반이 되자 미국에서 본격적으로 자동차 산업이 발전하기 시작했다. 하지만 여전히 대다수는 자동차라는 교통수단의 존재를 모르거나, 존재는 알더라도 어떻게 말없이 자동차가 스스로 움직이는지 알지 못했다. 또한 자동차 제조업체가 한 공장에서 나온 자동차를 직접 미국 전역에 흩어진 고객들에게 차량을 보내 주고, 고장 난 차량을 공장까지 가져와서 수리해야 하는 어려움이 있었다. 따라서 각 지역마다 자동차 제조업체 대신 고객에게 자동차를 홍보 및 판매하고, 구매 후에는 차량 인도 및 수리 서비스까지 해 주는 '딜러십(Dealership)' 회사들이 생겨나기 시작했다.
 자동차가 주요 교통수단으로 자리 잡으면서 딜러십 역시 빠르게 늘어났다. 이에 발맞춰 미국 자동차 딜러들은 1917년 '전국자동차딜러협회(NADA, National Auto Dealers Association)'를 만들어 자동차 업계에 큰 영향력을 행사하는 주요 집단으로 성장했다. 2022년 기준 미국에만 1만 8,000여 개의 신차 딜러십과 6만여 개의 독립 딜러십에서 무려 120만 명이 일하기 때문에, NADA는 정치적으로도 상당한 힘을 행사하고 있다. 이 때문에 100여 년 전과 달리 통신과 기술 발달로 더 이상 딜러십이 존재할 이유가 사라졌는데도, 기존 자동차 기업들은 지금까지 자동차 판매 및 수리를 자동차 딜러에 의존하고 있다. 그리고 이런 딜러십을 통한 자동차 판매 방식은 전 세계로 퍼져 나갔다. 자동차는 다른 제품과 달리 판매하려는 나라의 딜러십을 거쳐야지만 그 나라에 팔 수 있는 제품이 되었다.

딜러십이라는 유통 과정이 하나 더 생겨났기 때문에, 자동차 제조업체가 딜러십에 판매하는 자동차 가격보다 딜러십이 고객에게 판매하는 가격이 당연히 더 비싸다. 거기다가 형식적으로는 자동차 제조업체가 정한 '기준 소비자 가격'이 있지만, 고객이 지불해야 하는 '실제 소비자 가격'은 자동차 제조업체와 별개의 회사인 딜러가 전적으로 결정한다. 더구나 각 딜러는 딜러 간 경쟁 때문에 실제 소비자 가격을 공개하지 않는다. 따라서 고객은 같은 딜러가 고객에 따라 다른 가격을 받아도 알 수 있는 방법이 없다. 이는 경제학의 원칙인 '같은 제품은 같은 가격이어야 한다'는 일물일가의 원칙에 맞지 않는다. 이렇게 가격이 불투명한 자동차 판매 시장은 매우 비효율적이다. 딜러를 통해서만 살 수 있는 자동차를 조금이라도 저렴하게 사려면 각 딜러에게 연락해 최종 지불 가격을 비교해야 하고, 다른 딜러의 제시 가격을 들고 딜러와 흥정해야 한다. 심지어 같은 딜러라고 하더라도 딜러는 실제 자동차 가격을 매일 임의로 변경하므로 고객은 딜러뿐만 아니라 구매하는 타이밍까지 알아서 잘 선택해야 한다. 이는 한국에서도 마찬가지로, 자체 판매망을 가지고 있는 국산차가 아닌 별도의 딜러가 판매하는 외제차를 사는 고객은 이러한 비효율성과 불투명성을 감내해야 한다.

테슬라는 이와 같은 딜러십의 문제점을 정확히 알고 있었고, 처음 자동차를 판매할 때부터 딜러십을 통하지 않는 직접 판매 방식을 택했다. 딜러십이라는 유통 단계가 하나 줄었기 때문에 판매 가격을 낮출 수 있었다. 거기에 테슬라는 자체적으로 운영하는 오프라인 점포 개수를 최소화하고 차량 대부분을 인터넷으로 판매함으로써 판매에 들어가는 비용을 더욱더 낮췄다. 이러한 비용 절감을 통해 테슬라는 고객에게 합리적인 가격으로 자동차를 판매하면서도 영업이익률을 높일 수 있었다. 게다가 실제 소비자 가격을 결정하는 것이 테슬라라는 단일 주체이기 때문에 테슬라 전기자동차에는 일물일가의 원칙이 적용된다. 따라서 테슬라 전기자동차를 구매하려는 고객은 언제 살지만 결정하면 여러 딜러와 연락해 가격을 흥정할 필요도, 자신이 비싼 가격에 구매했는지 걱정할 필요도 없다.

하지만 언론은 이러한 딜러십을 통한 판매 방식의 특징과 문제점을 뻔히 알면서도 '기준 소비자 가격'과 '실제 소비자 가격'을 전혀 구분하지 않는다. 그리고 기존 자동차 기업의 기준 소비자 가격과 테슬라의 실제 소비자 가격을 비교하면서, '기존 자동차 기업보다 테슬라가 훨씬 자동차 가격을 자주 변경한다'는 왜곡된 주장을 펼친다. 그리고 어떻게 실제 소비자 가격이 정해지는지 알지 못하는 사람들은 이러한 기사만 읽고 테슬라를 비판한다. 기존 자동차 기업은 오로지 눈에 보이는 기준 소비자 가격만 그대로 둘 뿐, 실제 소비자 가격은 딜러마다, 날마다 달라진다. 반면 테슬라는 기준 소비자 가격과 실제 소비자 가격이 항상 일치하기 때문에 기존 자동차 기업보다 훨씬 변동성이 적고 투명하며 공정한 가격 정책을 가지고 있는 것이다.

테슬라가 쏘아 올린
전기자동차 치킨게임

연간 단위 기준으로 2020년부터 영업이익 흑자를 기록한 테슬라는 영업이익률이 꾸준히 상승해 2022년에는 무려 16.8%를 기록했다. 그러다가 2023년에 영업이익률이 9.2%로 급격히 떨어졌다. 이런 영업이익률의 급격한 하락에는 여러 이유가 있었지만, 가장 큰 이유는 자동차 판매 가격 인하로 인한 자동차 부문의 매출총이익률이 크게 떨어졌기 때문이다. 자동차 부문 매출총이익은 자동차 판매로 생긴 매출에서 자동차를 생산하는 데 들어간 매출 원가를 뺀 이익을 말하며, 매출총이익률은 매출액 대비 매출총이익의 비율을 말한다. 테슬라 자동차 부문의 매출총이익률은 2022년 28.5%에서 2023년 19.4%로 10% 가까이 떨어졌다. 테슬라가 차량 가격을 인하하면서 테슬라는 2022년 대비 2023년 자동차 판매량이 무려 38%나 증가했는데, 자동차 부문 매출액은 겨우 15% 증가하는 데 그쳤기 때문이다.

테슬라의 이런 공격적인 차량 가격 인하의 이유 중 하나는 2022년부터 시작된 금리 인상으로 인한 판매 증가 속도 감소와 재고 증가를 해결하기 위해서였다. 하지만 테슬라는 설령 금리가 낮아지고 재고가 많지 않더라도 차량 가격을 올리지 않을 가능성이 높다. 실제로 일론 머스크는 영업이익률이 떨어지기 시작한 2023년 1분기 실적 발표에서 '높은 마진을 챙기고 물량을 낮추는 것보다 높은 물량과 더 큰 규모의 생산을 추진하겠다'고 말했다. 이미 전기자동차 시장에서 독보적인 입지를 확보한 테슬라는 경쟁 기업을 압도하기 위해 머지 않은 미래에 '치킨게임(Chicken Game)'을 시작할 것이다.

치킨게임은 원래 1950년대 미국 젊은이들 사이에서 유행하던 자동차 게임 이름이었다. 한밤중에 도로의 양쪽에서 두 명의 경쟁자가 자신의 차를 몰고 정면으로 돌진하다가 충돌 직전에 핸들을 꺾는 사람이 지는 게임이었다. 핸들을 꺾은 사람은 '겁쟁이'라는 뜻으로도 쓰이는 '치킨(Chicken)'으로 낙인 찍히기 때문에 치킨게임이라는 이름이 붙었다. 만약 어느 한 쪽도 핸들을 꺾지 않을 경우 충돌함으로써 둘 다 자멸하기 때문에, 게임에서 이기기 위해서는 엄청난 위험을 감수해야 한다. 그래서 산업계에서는 수익성을 고려하지 않고 상대 기업을 무너뜨리기 위해 설비를 늘리고 판매 가격을 떨어뜨리며 출혈 경쟁을 할 때 이를 치킨게임에 비유한다.

가장 대표적인 산업계의 치킨게임으로는 2000년대에 있던 D램 메모리 반도체 치킨게임이 있다. 2006년부터 D램 반도체 기업들은 수요 증가가 아니라 경쟁 기업을 없애기 위해 설비 투자를 확대했다. 이로 인해 2007년에는 메모리 반도체인 D램 가격이 70%까지 폭락했다. 당시 업계 1위였던 삼성전자는 압도적인 생산량과 기술력, 다양한 사업 포트폴리오를 바탕으로 치킨게임을 하면서도 유일하게 흑자를 기록했다. 업계 2위였던 하이닉스 (현 SK하이닉스)는 비록 적자를 기록했지만, 삼성전자를 제외한 다른 경쟁 기업에 비해 적자를 최소화하며 최대한 버텼다. 반면, 업계 5위였던 독일의 키몬다와 업계 3위였던 일본의 엘피다는 눈덩이처럼 불어난 적자를 이기지 못하고 각각 2009년, 2012년에 파산했다. 이후 D램 점유율은 삼성전자, SK하이닉스, 마이크론 세 개 회사가 95% 이상 차지하는 과점 시장이 되었다.

2000년대 D램 반도체 시장과 2020년대 전기자동차 시장을 비교해 볼 때, 만약 테슬라가 본격적으로 치킨게임을 시작하면 아주 높은 확률로 테슬라가 승자가 될 것이다. 테슬라는 현재 100만 대 이상의 전기자동차를 생산하면서 전기자동차만으로도 이익을 창출하는 유일한 기업이다. 따라서 다른 어떤 자동차 기업보다도 전기자동차 생산량을 빠르게 늘릴 수 있는 능력과 가격을 인하할 여력이 제일 크다. 만약 테슬라가 지금보다 조금만 더 공격적으로 전기자동차 생산량을 늘리고 가격을 떨어뜨리면,

기존 자동차 기업의 손실은 눈덩이처럼 불어날 것이다.

설령 기존 자동차 기업들이 내연기관 자동차 판매에서 얻은 이익을 기반으로 전기자동차 판매 가격을 공격적으로 내려서 테슬라마저 손실을 본다고 해도 역전이 일어나기는 어렵다. 왜냐하면 테슬라는 이미 그동안 쌓아 놓은 이익을 바탕으로 2024년 3분기 기준 336억 달러(약 47조 원)의 현금성 자산을 보유하고 있기 때문이다. 안 그래도 가격을 내릴수록 테슬라보다 더 큰 손실을 보는 기존 자동차 기업들이 테슬라의 현금성 자산을 고갈시킬 때까지 치킨게임에서 버티는 것은 사실상 불가능하다.

더구나 테슬라는 ESS, 자동차 보험, FSD, 앱 생태계, 수퍼차저, 로보택시, 옵티머스 등 기존 자동차 기업과 비교할 수 없을 정도로 매출 구조가 다변화되어 있다. 이중 FSD, 앱 생태계, 수퍼차저, 자동차 보험 등은 치킨게임 때문에 늘어나는 전기자동차 판매량에 비례해 매출과 이익이 증가한다. 따라서 쌓아 둔 현금을 사용하지 않더라도 치킨게임으로 인해 발생한 전기자동차 부문 손실을 충분히 메울 수 있다.

따라서 테슬라가 전기자동차 시장에서 본격적으로 치킨게임을 시작하면 기존 자동차 기업들은 엄청난 손해를 감수하다가 파산하거나, 그 전에 전기자동차 생산을 포기할 수밖에 없다. 따라서 테슬라의 전기자동차 가격이 하락해 단기적으로 테슬라의 영업이익률이 떨어지는 것을 전혀 걱정할 필요가 없다. 테슬라는 전기자동차 시장에서 앞으로 일어날 치킨게임의 확실한 생존자이자 언제 치킨 게임을 시작할지 결정할 수 있는 유일한 기업이다.

3장

테슬라의 진짜 기술

수퍼차저와 NACS

수퍼차저에 항복한 기존 자동차 기업

　기존 자동차 기업은 전기자동차 초창기에 충전 네트워크를 향한 관심이 거의 없었다. 앞서 말했듯 기존 자동차 사업은 전기자동차 생산마저 어려워했고, 의지도 크지 않았기에 충전 네트워크 사업은 사실상 관심 밖이었다. 더구나 기존 자동차 기업은 전기자동차와 충전소의 관계를 내연기관 자동차와 주유소 관계 정도로만 생각했다. 기존 자동차 기업은 내연기관 자동차만 만들고 주유소는 석유 시추 및 정제 기업이 담당했듯이, 전기자동차 충전 네트워크도 누군가 따로 설치하면 된다고 생각했던 것이다. 하지만 전기자동차 충전소를 짓는 비용이 상당했기 때문에 누구도 선뜻 나서서 지으려 하지 않았다.

　결국 전기자동차 생산이 시작되고 나서도 제대로 충전소가 지어지지 않자 각국 정부는 전기자동차뿐만 아니라 전기자동차 충전소에도 보조금을 지급하기 시작했다. 그리고 이때부터 전기자동차 충전 사업만 따로 하는 기업들이 우후죽순 생겨났고, 전 세계 각지에 전기자동차 충전소가 생겨났다. 하지만 기존 자동차 기업에서 전기자동차를 구매한 소비자들은 정작 제대로 충전소를 이용할 수 없었다. 국가 보조금만 받기 위해서 충전기만 지어놓고 전혀 관리를 하지 않아 쓸 수 없는 충전기가 넘쳐 났기 때문이다. 또한 충전소를 만든 기업과 전기자동차를 만든 기업이 다르다 보니 충전, 결제가 제대로 되지 않는 일이 속출했다. 그리고 이런 문제들은 아직까지도 완전히 해결되지 않고 있다.

미국에서 상당히 큰 충전소 회사인 일렉트리파이 아메리카의 CEO가 2023년 4~6월 동안 전기자동차인 현대자동차의 '아이오닉 5'로 미국 횡단에 도전했다. 일렉트리파이 아메리카의 충전 네트워크만 이용해서 미국 횡단을 함으로써 자사의 충전 네트워크를 홍보하려는 목적이었다. 하지만 현실은 완전히 달랐다. 충전이 안 되는 충전기, 결제가 안 되는 충전기, 충전 속도가 원래대로 나오지 않는 충전기가 속출했다. 앱에도 문제가 생겨 CEO가 직접 자기 회사 서비스 센터에 연락하는 촌극까지 벌어졌다. 이 CEO는 충전소에서 같은 문제를 겪는 고객들의 불만을 계속 들어야 했고, 미국 횡단을 끝내고 나서 자사의 충전 네트워크에 문제가 많다는 점을 인정했다.

현재 전 세계에서 가장 많은 충전기를 보유한 회사는 차지포인트라는 곳이다. 이 회사는 충전소 사업 전문 기업으로, 약

20만 개 이상의 충전기를 설치했다. 하지만 자세히 들여다보면 개수만 많고 실속이 없다. 대부분의 충전기는 최고 충전 속도가 10kW 정도 나오는 레벨 2 충전기로, 전기자동차를 80%까지 충전하는 데 8~10시간이 걸리기 때문에 사실상 공공장소에서는 사용이 불가능하다. 고속충전기인 'DCFC(DC Fast Charging)' 충전기는 1만 5,000여 개에 불과하며, 이 마저도 상당수는 최고 충전 속도가 100kW 미만이라 80%까지 충전하는 데 1시간 이상이 필요하다. 반면 테슬라는 전 세계에 레벨 2에 해당하는 '데스티네이션 차저(Destination Charger)'가 약 4만 개, 고속충전기인 '수퍼차저(Supercharger)'가 약 6만 개로 오히려 수퍼차저가 더 많다. 최고 충전 속도 역시 2012년 처음 설치한 수퍼차저인 V1도 100kW였고, 가장 많이 설치되어 있는 V3, V4는 250kW까지 나온다. 그리고 테슬라는 최대 500kW, 상업용 전기 트럭인 '세미(Semi)'에는 무려 최대 1.2MW(1,200kW)로 충전할 수 있는 차세대 수퍼차저를 2025년부터 설치한다고 발표했다.

이처럼 테슬라를 제외한 다른 자동차 기업이 만든 전기자동차가 쓸 수 있는 충전 네트워크가 제대로 갖춰지지 않아 소비자들이 불편을 겪자, 뒤늦게 기존 자동차 기업들이 움직였다. 2017년 벤츠, 현대자동차그룹, 포드, BMW, 폭스바겐그룹 등은 유럽을 기반으로 하는 'IONITY'라는 충전소 기업을 만들었다. 테슬라처럼 독자적으로 충전 네트워크를 설치할 엄두가 나지 않으니, 연합해서라도 수퍼차저에 대항해 보겠다는 의도였다. 하지만

2024년 10월 현재 IONITY의 유럽 내 충전소 위치는 686곳, 충전기 개수는 4,384개에 불과하다. 반면 유럽 내 수퍼차저 충전기는 이미 2022년 10월에 1만 개를 돌파했고, 2024년 10월 현재 충전소 위치는 1,288곳, 충전기 개수는 최소 1만 3,000개 이상이다. 테슬라의 본진인 미국이 아닌 기존 자동차 기업의 본고장인 유럽에서, 여러 회사가 연합해 만든 충전 네트워크가 테슬라 단 하나의 기업이 만든 충전 네트워크를 이기지 못하고 있는 게 현실이다.

무엇보다 이런 충전 네트워크의 제일 큰 문제는 '지속 가능성'에 대한 확신이 없다는 데 있다. 현재 테슬라를 제외하고 충전 네트워크를 가진 회사 중 가장 시가총액이 큰 EVgo, 미국과 전 세계에서 가장 많은 충전기를 보유하고 있는 차지포인트 모두 적자를 기록 중이다. IONITY나 일렉트리파이 아메리카(폭스바겐 아메리카가 지분 82% 보유)처럼 기존 자동차 기업이 소유하고 있어 상장되어 있지 않은 회사들도 지속 가능성을 장담하기 어렵다. 사업 특성상 초기에는 많은 적자를 각오하고 충전 네트워크를 설치하는데, 추후에 많은 전기자동차를 판매해야 충전 네트워크의 지속적인 확장과 관리가 가능하다. 하지만 지금처럼 기존 자동차 기업이 전기자동차 사업에 어려움을 겪고, 사업에 대한 의지도 부족한 상황에서 과연 얼마나 더 충전 네트워크에 돈을 쏟을 수 있을지 알 수 없다.

반면 테슬라는 기존 자동차 기업과 달리 전기자동차 생산과 동시에 충전 네트워크를 설치하기 시작했다. 테슬라는 2012년 6월 22일 처음으로 고객에게 전기자동차(모델 S)를 인도했는데, 불과 3개월이 지난 2012년 9월에 첫 번째 수퍼차저 충전소가 캘리포니아에 설치되었다. 그리고 테슬라는 전기자동차 생산을 폭발적으로 늘리면서도 충전 네트워크에 대한 투자를 게을리하지 않았다. 테슬라가 본격적으로 흑자를 내기 시작한 게 2019년 하반기였는데, 이전까지는 적자를 내면서도 충전 네트워크 확장에 과감히 투자했다는 뜻이다. 이처럼 테슬라는 전기자동차 보급과 테슬라 생태계 확장에 있어서 충전 네트워크가 엄청나게 중요하다는 사실을 일찌감치 알고 있었다.

기존 자동차 기업이 충전 네트워크 구축에 소극적으로 대응하는 사이에 테슬라는 지난 10여 년간 한국을 비롯해 미국, 중국, 유럽에 대규모 수퍼차저 네트워크를 구축했다. 수퍼차저만 이용해서 북미 대륙을 횡단할 수 있을 정도였고, 이는 사람들이 테슬라 전기자동차를 선택하게 되는 요인 중 하나가 되었다. 이런 자신감을 바탕으로 테슬라는 2022년 11월 테슬라만의 독자 충전 규격의 이름을 'NACS(North American Charging Standard)'로 지었다. 그리고 테슬라 차량뿐만 아니라 기존 자동차 기업의 전기자동차도 수퍼차저를 이용할 수 있도록 NACS 디자인과 스펙을 공개했다. 이미 북미에서는 NACS 기반의 수퍼차저가 다른 어떤 고속 충전 규격의 충전기보다 압도적으로 많았기에, NACS가 표준 충전 규격이 될 수 있다는 테슬라의 자신감이자 의지였다. 그리고 NACS는

2023년 6월 27일 국제자동차기술자협회인 SAE(Society of Automotive Engineers International)에서 표준 충전 규격으로 정식 채택되었다. 관련 기업들 간의 협의를 통해서가 아닌, 한 기업에서 일방적으로 개발하고 사용하던 규격이 그대로 표준 규격이 된 건 매우 이례적이다.

이론상으로는 기존 자동차 기업이 NACS 기반 충전 네트워크를 만들 수 있게 되었고, 기존 충전소 회사들도 NACS를 추가 지원하기 시작했다. 그래서 일부 자동차 전문가라는 사람들은 'NACS는 단순 충전 규격일 뿐이다'라며 NACS의 표준 규격 채택을 평가절하했다. 하지만 기존 자동차 기업은 더는 독자적인 충전 네트워크를 만들 여유나 의지가 없었고, 기존 충전 네트워크의 문제점도 해결되지 않았다. 결국 포드를 시작으로 GM, 볼보, 벤츠, 닛산, 현대자동차그룹 등 주요 기존 자동차 기업들은 NACS 표준 도입뿐만 아니라 수퍼차저도 사용하겠다고 선언했다. 2024년 10월 현재 포드, 리비안, GM, 볼보, 폴스타의 전기자동차는 수퍼차저에서 충전이 가능하다. 현재는 어댑터를 사용해서 충전하지만, NACS를 도입하기로 선언한 기존 자동차 기업에서 앞으로 생산되는 전기자동차에는 테슬라처럼 NACS 충전구가 장착되어 나올 예정이다.

수퍼차저만의 강점

앞에서 말했듯이 테슬라는 전기자동차와 충전 네트워크를 모두 대량생산하는 유일한 회사다. 테슬라는 자동차 부품 공급망의 수직통합을 넘어, 지속 가능한 에너지와 AI에 기반한 '테슬라 생태계'의 주요 요소를 모두 생산하는 진정한 수직통합을 이뤘다. 그리고 전기자동차뿐만 아니라 충전기 생산에도 '소품종 대량생산으로 인한 원가 절감'의 원리를 그대로 적용했다. 테슬라는 급속 충전 기술이 발전함에 따라 순차적으로 개량된 버전을 만들었을 뿐, 다른 충전소 회사들과 다르게 동시에 여러 종류의 충전기를 만들지 않았다. 또한 공장에서 충전기를 대량생산하고 충전소 부지에는 통일된 규격에 맞게 충전기를 설치할 자리를 미리 만들어 공사 기간과 설치 비용을 크게 줄였다.

무엇보다 테슬라 전기자동차 고객들이 생각하는 수퍼차저 최고의 장점은 편의성이다. 이는 전기자동차, 충전기, 소프트웨어인 앱까지 모두 독자적으로 만들어 생태계를 구축한 테슬라만이 가질 수 있는 장점이다. 충전할 때부터 큰 차이가 나는데, 테슬라는 수퍼차저 플러그 손잡이에 있는 버튼을 테슬라 전기자동차 충전구 앞에서 누르기만 하면 충전구 덮개가 자동으로 열린다. 충전을 멈추고 싶다면 화면에서 충전 중지를 누르거나 수퍼차저 플러그 손잡이 버튼을 누른 뒤 충전구에서 빼면 되고, 충전구 덮개는 자동으로 닫힌다. 테슬라를 제외하면 전기자동차를 만든 회사와 충전소를 만든 회사가 달라 이런 연동이 안 된다. 때문에 충전을 시작하기 전과 끝난 후에 사람이 충전구 덮개를 여닫아야 한다.

이런 연동성은 특히 결제할 때 그 빛을 발한다. 테슬라는 미리 카드 정보를 테슬라 앱에 저장해 두면 플러그를 충전구에 꽂자마자 충전이 시작되고, 플러그를 뽑으면 자동으로 결제된다. 그래서 테슬라 수퍼차저 충전기에는 신용카드를 꽂는 곳이 없다. 반면 다른 충전소 회사의 충전기에는 일반 주유기처럼 카드를 꽂아 결제 승인을 받은 뒤에 충전이 가능한데, 이 과정에서 오류가 많이 발생해 충전기가 멀쩡해도 충전을 못하는 경우가 많다. 전기자동차를 만드는 회사, 충전소를 만든 회사, 결제 앱을 만드는 회사가 제각각이기 때문에 유기적으로 연동되지 않는 것이다.

테슬라 수퍼차저와 다른 충전 네트워크는 단순히 충전, 결제 과정만 다른 것이 아니다. 충전소를 가기 전 과정에도 차이점이 있다. 배터리 기술과 충전 기술이 많이 발전했지만 아직은 전기자동차가 내연기관 자동차보다 주행거리는 짧고 충전 시간은 더 길다. 거기다 충전 네트워크 중 가장 잘 구축된 수퍼차저마저도 주유소에 비하면 아직 많이 부족하다. 그래서 전기자동차는 장거리 운전을 하기 전에 어떤 충전소에 가서 얼마나 충전할 것인지 이른바 '충전 계획'을 잘 세워야 한다. 실제로 미국에서는 이런 충전 계획을 제대로 세우지 않아 중간에 배터리가 방전되어 전기자동차가 서는 경우가 상당히 많다. 우리나라처럼 전국 어디서나 30분 안에 보험사 차량이 오지 못하기 때문에 이는 단순히 일정에 차질을 주는 수준을 넘어 생명이 위험해질 수도 있다.

하지만 테슬라 전기자동차 고객들은 충전소 위치를 파악할 필요도, 이동 거리를 계산할 필요도 없다. 테슬라 내비게이션으로 목적지를 찍으면, 적절한 위치의 수퍼차저 충전소, 그 충전소까지 가는 길, 수퍼차저에서 충전해야 하는 시간까지 알아서 계산한 뒤 한 번에 알려 준다. 이게 끝이 아니다. 내비게이션이 알려주는 대로 수퍼차저 충전소를 가면 테슬라 전기자동차는 충전을 위해 자동으로 배터리 온도를 조절하는 '프리컨디셔닝(Preconditioning)'에 들어간다. 배터리가 너무 차면 충전이 제대로 되지 않는데, 테슬라는 수퍼차저에 충전하는 시간을 예측해 그에 맞게 적절한 배터리 온도를 유지함으로써 충전 속도를 극대화하는 것이다.

그렇다면 왜 테슬라는 굳이 어렵게 만든 충전 네트워크를 기존 자동차 기업들이 쓸 수 있도록 허락했을까? 여기에는 테슬라가 미래를 내다본 큰 그림이 숨어 있다.

수퍼차저를 통해
테슬라가 얻는 지배력

 NACS가 SAE로부터 표준 충전 규격으로 채택되었을 때, 일부 자동차 전문가들은 '충전소 사업과 전기자동차 사업은 별개다'라고 주장했다. 거의 모든 기존 자동차 기업이 NACS 도입은 물론 테슬라 수퍼차저를 사용하겠다고 선언하고 나서도 이들의 관점은 바뀌지 않았다. 석유 시대에 자동차 기업과 석유 정제 기업이 경쟁 관계가 아니었듯, 전기자동차가 어떤 충전 네트워크를 사용하든 기존 자동차 기업의 매출이나 이익에 큰 영향이 없을 거라고 주장했다. 하지만 이는 테슬라가 얼마나 멀리, 정교하게 미래를 내다보고 수퍼차저라는 충전 네트워크를 설계하고 구축했는지 이해하지 못해서 생기는 오판이다.

 테슬라가 충전 네트워크를 구축한 역사를 돌아보자. 테슬라는 전기자동차를 만들기 시작하면서 동시에 독자 충전 규격을 가진 충전 네트워크를 빠르게 확장했다. 충전소 회사들보다도 고속충전기를 많이 설치하는데 성공하자, 기존 독자 규격의 스펙을 공개하고 표준 채택을 추진했다. 표준으로 채택되자 적극적으로 기존 자동차 기업들이 만든 전기자동차들이 수퍼차저를 이용할 수 있도록 추진했고, 일부 차량들이 수퍼차저를 이용할 수 있게 되었다. 즉, 테슬라는 계획과 투자를 통해 기존 자동차 기업들이 수퍼차저에 의존하도록 만드는 데 성공한 것이다.

이는 단순히 기존 자동차 기업이 테슬라의 충전 네트워크만 사용한다는 의미가 아니다. 테슬라가 구축한 독자적 생태계에 기존 자동차 기업이 종속되었다는 뜻이다. 바꿔 말하면, 테슬라는 테슬라 생태계를 이용하는 조건으로 기존 자동차 기업에게 다양한 요구를 할 수 있다는 뜻이다. 그리고 이는 현실로 나타나고 있다.

테슬라 공식 홈페이지는 다른 자동차 기업들이 만든 전기자동차가 수퍼차저를 이용하는 방법을 설명한다. 제일 첫 번째로 해야 할 일이 바로 테슬라 앱을 설치한 뒤 테슬라 계정을 만드는 일이다. 그리고 차량 정보와 사용자의 결제 정보를 입력해야 한다. 이처럼 테슬라는 다른 자동차 기업이 만든 전기자동차가 수퍼차저를 사용할 수 있게 함으로써 그들의 차량 정보와 고객 정보를 합법적으로 확보할 수 있다. 21세기는 데이터, 그중에서도 고객 정보가 곧 돈이 되는 시대다. 고객 데이터를 많이 갖고 있는 기업일수록 비싸게 팔리는 이 시대에 테슬라는 오히려 돈을 받으면서 양질의 고객 데이터를 확보하고 있다.

또한 테슬라는 다른 자동차 기업이 만든 전기자동차를 가진 수퍼차저 이용객에게 '수퍼차징 멤버십(Supercharging Membership)'이라는 제도를 운영하고 있다. 이 멤버십에 가입하지 않아도 수퍼차저를 이용할 수 있지만, 이 멤버십에 가입해 매달 일정 금액을 회원비로 내면 충전 비용을 할인 받을 수 있다. 그리고 그렇게 할인된 가격은 테슬라 전기자동차로 수퍼차저를 이용할 때 내는 가격과 같다. 그러니까 다른 자동차 기업의 전기자동차로 수퍼차저를 이용하는 사람은 멤버십에 가입을 하든 안하든 테슬라 전기자동차 고객보다 충전비용을 더 지불하고 있는 것이다. 시간이 지날수록 더 많은 다른 전기자동차 고객들이 수퍼차저만의 강점을 경험하게 되고, 이는 멤버십 가입 증가로 이어지게 되어 테슬라에 매달 안정적인 회원비 수입을 가져다주게 된다.

하지만 이런 멤버십 수입은 테슬라가 앞으로 얻게 될 이익 중 극히 일부에 불과하다. 왜냐하면 테슬라는 수퍼차저의 절대적인 영향력을 이용해 기존 자동차 기업들에게 더 다양한 요구를 할 수 있기 때문이다.

테슬라 전기자동차에 들어가는 배터리 규격, 배터리 종류, 배터리를 제어하는 소프트웨어인 BMS 등은 당연히 수퍼차저에 맞게 설계 및 생산되었다. 하지만 기존 자동차 기업의 전기자동차는 전혀 그렇지 않다. 만약 테슬라가 화재 위험을 이유로 수퍼

[그림 ③] GM의 전기차인 쉐보레 볼트가 테슬라 수퍼차저를 이용해 충전하는 모습
테슬라와 충전구 위치가 달라서 어쩔 수 없이 수평으로 주차해 충전하고 있다.

차저를 이용하는 조건을 '특정 배터리 규격(예를 들어 4680 배터리)' 혹은 '특정 업체가 생산한 배터리'로 제한하면 어떻게 될까? 또는 다른 자동차 기업의 BMS 소스 코드를 요구하면 어떻게 될까? 어떤 전기자동차든 수퍼차저가 아니면 제대로 이용할 수 없는 상황이 되었을 때 기존 자동차 기업은 이런 요구를 거절하기 어렵다. 만약 거절한다고 하면 테슬라는 '안전상의 이유'를 들어 그 거절한 자동차 기업이 만든 전기자동차가 수퍼차저를 이용할 때 충전 속도를 제한할 수 있다. 안 그래도 내연기관 자동차에 기름을 넣는 것보다 전기자동차 충전 시간이 오래 걸려 불편해하는데, 자신의 전기자동차만 그 시간이 더욱더 길어진다면 과연 누가 그 전기자동차를 살까?

　이처럼 테슬라는 수퍼차저의 영향력을 이용해 기존 자동차 기업에게 특정 배터리 규격이나 종류, 소프트웨어를 요구하거나 특정 공급 업체 배터리를 납품받으라고 요구할 수 있다. 자동차 업계에서 일해 본 내 경험으로는 이 정도 요구가 전혀 낯설지 않다. 오히려 이 정도로 끝나지 않을 가능성이 높다.

　테슬라 수퍼차저를 이용해 본 사람은 알겠지만, 테슬라 수퍼차저의 플러그 전선 길이는 별로 길지 않다. 왜냐하면 모든 테슬라 전기자동차는 충전구가 뒤쪽에 있기 때문이다. 하지만 기존 자동차 기업들이 만든 전기자동차의 충전구 위치는 제각각이다. 심지어 같은 자동차 기업이 만든 전기자동차 모델 사이에도 충전구 위치가 모두 다르다. 내연기관 플랫폼을 그대로 가져다가 전기자동차로 만든 모델이 많은 데다, 테슬라처럼 충전 네트워크까지 생각하고 전기자동차를 설계하지 않았기 때문이다. 그래서 실제로 다른 전기자동차 고객이 수퍼차저를 이용하기 위해 수평으로 주차해 테슬라 전기자동차 고객이 충전을 못하는 사례가 발생하고 있다.

　테슬라가 기존 자동차 기업들에게 수퍼차저를 열어 주었다고 해서 그들을 위해 이미 설치한 6만 개 이상의 수퍼차저 충전기의 전선 길이를 늘려 줄 수는 없다. 오히려 테슬라는 다른 전기자동차가 여러 개의 충전기 공간을 차지한다는 이유로, 기존 자동차 기업들에게 테슬라처럼 충전구 위치를 왼쪽 뒷부분으로 통일해 달라고 요구할 수 있다. 그리고 이 요구는 단순히 눈에 보이는 충전구 위치만 바꿔 달라는 요구가 아니다. 말했듯이 충전구 위치는 자동차 플랫폼 및 전체적인 자동차 설계와 밀접한 연관이 있기 때문이다. 따라서 테슬라는 차체부터 배터리, 모터, 배터리와 모터를 연결해 직류를 교류로 바꿔 주는 인버터 등의 주요 설계 변경을 요구할 수 있다. 테슬라가 강력한 충전 네트워크를 앞세워 기존 자동차 기업의 전기자동차 개발, 설계, 생산에 전방위적으로 개입할 수 있는 길이 열린 것이다.

이처럼 테슬라는 독창적인 생태계를 구축한 뒤 기존 자동차 기업들을 그 생태계로 끌어들여 지배력을 높이고 있다. 하지만 테슬라 생태계는 단순히 기존 자동차 기업들에게만 영향을 주지 않는다. 테슬라는 이를 이용해 기존 자동차 기업은 생각하기 어려운 사업에도 진출해서 완전히 다른 분야에 있는 기업들과도 경쟁하고 있다. 그중 하나가 바로 '자동차 보험'이다. 테슬라는 자동차를 만들면서 동시에 그 자동차에 들어가는 보험 상품도 같이 파는 유일한 회사다. 다음에서는 '테슬라 자동차 보험'에 대해 알아보자.

테슬라 자동차 보험

테슬라만 가능한 보험료 산출 방법

　자동차를 처음 구매해서 타고 다니다 보면, 이전까지 제대로 알지 못했다가 깨닫는 점이 하나 있다. 바로 자동차는 구매 비용 못지 않게 유지 비용이 꾸준히 많이 들어가는 제품이라는 점이다. 대표적인 자동차 유지 비용에는 자동차 보험료가 있다. 우리나라를 비롯해 대부분의 국가에서는 자동차 보험 가입이 의무다. 따라서 어느 나라나 굴지의 보험 회사들이 자동차 보험 상품을 앞다퉈 내놓고 있고, 의무로 가입해야 하는 보험인 만큼 사람들은 조금이라도 저렴하면서 혜택이 많은 보험사를 찾아다닌다.

　그렇다면 기존 자동차 보험 회사는 보험료를 어떻게 산출할까? 회사마다 조금씩 다르지만 다음과 같은 차량 정보와 운전자 정보를 기반으로 보험료를 산출한다.

- 차량 모델
- 새 차 기준 판매 가격
- 중고차 가격
- 주행거리
- 차량에 장착된 안전 장치
- 운전자 나이
- 운전면허 보유 기간
- 운전자의 거주지

그렇다면 이런 자료를 기반으로 자동차 보험료를 산출하는 것이 과연 합리적일까? 대부분의 자동차 보험 가입자는 이를 깊이 생각해 보지 않았을 것이다. 하지만 조금만 생각해 보면 이게 얼마나 불합리한지 쉽게 이해할 수 있다.

미국을 예로 들어 보자. 미국은 땅이 워낙 넓기 때문에 대도시 시내를 제외하면 다른 자동차, 사람, 건물 등과 부딪혀서 사고가 날 확률이 현저히 낮다. 이 때문에 우리나라와 달리 미국 자동차 보험 회사들은 다른 조건이 비슷하더라도 운전자가 거주하는 지역에 따라 보험료에 상당한 차등을 둔다. 예를 들어 맨해튼에 거주하는 사람은 기본적으로 상당히 비싼 보험료를 지불해야 한다. 그런데 맨해튼은 교통 체증이 심한 데다가 대중교통이 잘 되어 있어서, 맨해튼에 살고 차량을 소유하지만 가끔 외곽 지역을 나갈 때만 차량을 이용하는 사람들이 많다. 이들 입장에서는 운전 빈도도 낮고 운전하는 지역도 대도시 시내가 아닌데, 오로지 맨해튼에 거주한다는 이유만으로 비싼 보험료를 내야 한다.

그렇다고 기존 자동차 보험 회사가 과도한 보험료를 책정했다고 말할 수도 없다. 분명 통계상으로는 맨해튼에 거주하는 운전자가 다른 지역에 거주하는 운전자보다 사고를 자주, 크게 일으켜 보험금을 많이 가져간다. 당연히 기존 자동차 보험 회사 입장에서는 적절한 안전 마진 확보라는 관점에서 맨해튼에 거주하는 운전자에게 더 높은 보험료를 책정할 수밖에 없다. 따라서 이런 보험료 책정 방식은 운전자와 자동차 보험 회사 모두에게 합리적이지 못하다.

이렇게 된 원인은 자동차 보험 회사들이 보험료를 산출하기 위해 사용하는 자료에 있다. 각 운전자에게 합리적인 보험료를 책정하는 데 이 자료들은 거의 도움이 되지 않는다. 그것에 의존해 보험료를 산출하면, 단지 20대라는 이유만으로 혹은 맨해튼에 산다는 이유만으로 상대적으로 비싼 보험료를 낼 수밖에 없다. 하지만 나이 많은 운전자보다 훨씬 능숙하고 안전하게 운전하는 20대도 있고, 맨해튼에 살지만 운전을 가끔, 외곽 도시에서만 하는 사람도 있다. 즉, 모든 운전자에게 합리적인 보험료를 책정하기 위해 좀 더 많은 정보, 정확히는 각 개인의 운전 데이터가 필요하다. 그리고 이런 운전 데이터를 실시간으로 수집, 분류, 가공할 수 있는 회사는 딱 하나, 테슬라밖에 없다.

앞서 말했듯 테슬라의 모든 전기자동차에는 운전 데이터를 수집하기 위한 각종 센서와 그 데이터를 수집, 분류, 전송할 수 있는 고성능 컴퓨터와 통신 장비가 달려 있다. 자동차 보험업 관점에서 보면 이런 테슬라 전기자동차는 훌륭한 '보험료 산출 자료 수집기'인 것이다. 테슬라는 운전자가 테슬라 자동차 보험 가입을 위해 데이터 사용을 승인하면, 이를 이용해 각 운전자에게 적합한 보험료를 산출할 목적으로 자료를 만든다. 특히 테슬라는 자동차 보험료에 가장 큰 영향을 미치지만 기존 자동차 보험 회사가 얻을 수 없는 운전자의 운전 습관에 대한 자료를 활용한다. 이렇게 만들어진 것이 운전자가 얼마나 안전하게 운전하는지를 점수화한 '안전 점수(Safety Score)'다.

안전 점수는 100점 만점에서 특정 '안전 요인(Safety Factor)'에 해당하는 일이 발생하면 점수가 떨어지는 방식으로 측정된다. 예를 들어, 만약 테슬라의 주행 보조 기술인 '오토파일럿'을 켜지 않은 상태에서 장애물을 적정 거리에서 피하지 않아 '전방 추돌 경고'가 울린 경우 안전 점수가 떨어진다. 이외에도 급회전, 급가속, 안전벨트 미착용, 과속, 좁은 차간 거리 등의 안전 요인이 있다. 테슬라 운전자는 실시간으로 변하는 안전 점수를 테슬라 앱으로 언제든 확인할 수 있으며, 어떤 안전 요인으로 얼마나 점수가 떨어졌는지도 확인할 수 있다. 테슬라는 안전 요인의 종류나 감점 기준 등도 지속적으로 업그레이드해 안전 점수가 운전자가 얼마나 안전하게 운전하는지를 정확하게 반영하도록 노력한다.

이런 안전 점수 외에도 얼마나 운전했는지, 어떤 차로 운전했는지, 어디를 운전했는지, 어느 시간대에 운전했는지까지도 자동

[그림 ④] 테슬라 자동차 보험료 책정에 영향을 주는 안전 점수

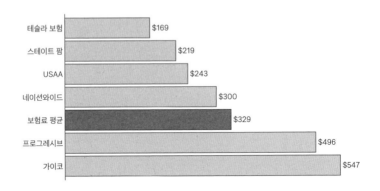

[그래픽 ③] 2022년 텍사스 주 내 보험 회사별 테슬라 전기자동차의 평균 보험료
텍사스는 테슬라 자동차 보험 가입이 가능한 주 중에 하나다.

차 보험료에 반영한다. 이렇게 지속적으로 생성되는 데이터를 실시간으로 보험료에 반영하기 때문에 테슬라는 자동차 보험 이름을 '테슬라 실시간 보험(Tesla Real-Time Insurance)'으로 지었다. 따라서 사는 지역과 차량 모델이 동일하고 나이가 비슷하면 비슷한 보험료를 책정하는 기존 자동차 보험 회사와 달리, 테슬라 자동차 보험의 보험료는 사람마다 차이가 크다. 그리고 이들 중 대부분은 테슬라 자동차 보험으로 바꿨을 때 보험료가 내려간다. 테슬라는 기존 자동차 보험 회사처럼 불충분한 정보 때문에 어쩔 수 없이 붙는 '안전 마진'이 필요 없기 때문이다.

테슬라 자동차 보험의
나비 효과와 부가가치

테슬라의 자동차 보험업 진출은 단순히 자동차 보험료를 내리는 효과만 있지 않다. 앞서 설명했듯이 테슬라는 자동차에서 실시간으로 나오는 데이터를 자동차 보험료를 책정하는 데 활용한다. 바꿔 말하면, 기존 자동차 보험 회사와 다르게 테슬라는 같은 운전자라도 매달 보험료를 '합리적 이유'로 바꿀 수 있다. 예를 들어 운전 시간이 많은 달, 안전 점수가 떨어진 달, 사고가 자주 일어나는 지역에서 운전한 달에는 보험료가 많이 나온다. 따라서 매달 달라지는 보험료와 그 이유를 확인하고 운전자들 역시 운전 습관을 바꿀 수 있다.

무엇보다 테슬라 자동차 보험 가입자들은 자발적으로 안전 운전을 하기 위해 노력하게 된다. 매달 집계되는 안전 점수가 다음 달 자동차 보험료에 영향을 미치기 때문이다. 보험 가입자들은 테슬라 앱을 보면서 어떤 안전 요인이 안전 점수를 떨어뜨렸는지 확인한 뒤 점수를 올리기 위해 그 안전 요인에 대해 신경 쓰게 된다. 그래서 시간이 지날수록 테슬라 자동차 보험 가입자들은 급정거, 급가속, 급회전, 과속, 안전벨트 미착용 등을 자제하게 된다. 즉, 테슬라의 자동차 보험은 그 어떤 공익 광고나 강력한 법보다도 운전자들에게 안전 운전을 하게끔 유도하는 것이다. 인간의 이기심을 억지로 억누르거나 동정에 호소하는 것이 아니라 오히려 자본주의 논리를 활용해 인간의 이기심을 다수의 이익이 증가하는 방향으로 이끌었다.

따라서 테슬라 전기자동차가 더 많이 팔리고 테슬라 자동차 보험에 더 많은 사람들이 가입할수록, 테슬라 보험 가입자들의 사고율과 보험금 지급 금액이 감소한다. 물론 평균 안전 점수가 올라가면 테슬라가 받는 자동차 보험료도 줄어든다. 그러나 아무 사고가 일어나지 않아도 운전자는 반드시 일정 금액의 보험료는 지불해야 한다. 따라서 테슬라 자동차 보험 가입자들이 각자의 이익을 위해서 안전하게 운전할수록 테슬라 보험 사업 부문 이익은 올라간다. 실제로 테슬라 보험의 수입보험금은 분기마다 수십 퍼센트씩 증가하고, 본격적으로 사업을 시작한 지 1년 만에 수입보험금이 발생손해액을 넘어섰다. 아직 테슬라 자동차 보험을 가입할 수 있는 지역이 한정적이라는 점, 매년 수백만 명의 새로운 테슬라 운전자가 생긴다는 점을 고려하면 테슬라 자동차 보험 사업의 성장 가능성은 무궁무진하다.

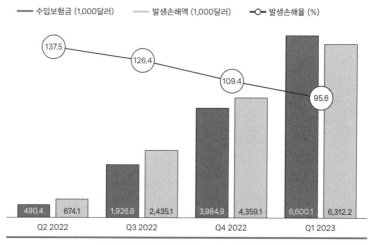

수입보험금 (1,000달러)　　　발생손해액 (1,000달러)　　○ 발생손해율 (%)

137.5　　　126.4　　　109.4　　　95.6

490.4　674.1　　1,926.8　2,435.1　　3,984.9　4,359.1　　6,600.1　6,312.2

Q2 2022　　　Q3 2022　　　Q4 2022　　　Q1 2023

[그래픽 ④] 2022년 2분기~2023년 1분기 테슬라 자동차 보험의 수입보험금, 발생손해액, 발생손해율
2023년 1분기에는 처음으로 수입보험금이 발생손해액을 넘어서 발생손해율이 100% 밑으로 내려왔다.

최근 기존 자동차 보험 회사들도 테슬라 자동차 보험과 유사하게 운전 데이터를 수집하려고 노력하고 있다. 하지만 앞에서 이야기했듯 기존 자동차 기업들은 그동안 자동차를 사람이나 화물을 옮기는 수단으로만 생각했기 때문에 운전 데이터를 생성, 수집, 가공, 전송할 수 있는 제대로 된 시스템이 없다. 결국 기존 자동차 보험 회사들은 자체적인 데이터 수집 장치나 스마트폰에 운전 데이터 수집 앱을 설치하는 조건으로 보험료를 할인하고 있다. 하지만 이런 장치나 앱에서 얻은 운전 데이터의 양과 질은 처음 차량을 설계할 때부터 제대로 된 시스템을 구축한 테슬라가 제공하는 데이터의 양과 질을 따라올 수 없다. 이는 마치 사진과 그림을 가져다 놓고 '둘 중 어떤 것이 현실과 비슷하나?'를 비교하는 것과 같다.

테슬라 자동차 보험 사업의 확장성은 여기서 끝나지 않는다. 이미 테슬라 전기자동차를 구매하면 누구나 이용할 수 있는 주행 보조 기술인 '오토파일럿'을 이용하는 경우 사고발생률이 미국 평균보다 10배 낮다. 거기에 이미 수많은 사람이 훨씬 더 진보된 AI 기반 자율주행 기술인 FSD까지 사용하고 있다. 만약 FSD가 운전자의 감시가 필요 없어질 정도로 완성도가 높아지고 운전대와 페달이 없는 사이버캡이 상용화된다면, 테슬라는 FSD 사고율에 기반한 자동차 보험 상품을 내놓을 수 있다. 이건 단순히 기존 자동차 보험 회사와 경쟁하는 수준이 아니라 자동차 보험업 전체를 완전히 뒤집을 수 있는 테슬라만의 혁신이다.

실제로 '오마하의 현인'으로 불리는 버크셔 해서웨이의 CEO 워런 버핏은 2024년 주주 총회에서 이례적으로 테슬라를 언급했다. 그는 '만약 (FSD 덕에) 사고가 50% 감소하면, 사회에는 좋은 일이지만 보험 업계 규모에는 좋지 않은 일입니다. 하지만 우리는 늘 사회가 좋아지기를 기대합니다'라고 말했다. 언론에서는 워런 버핏의 이 발언을 두고 그가 테슬라에 투자할지 여부에만 관심을 기울였다. 하지만 이 발언의 진짜 의도를 파악하려면 워런 버핏이 주주 총회에서 이 발언을 했다는 점과 FSD가 보험 업계 규모에 영향을 준다고 말했다는 점에 주목해야 한다. 버크셔 해서웨이는 미국 최대의 자동차 보험 회사인 가이코를 소유하고 있다. 따라서 워런 버핏은 테슬라의 자율주행 기술과 자동차 보험업을 포함한 '테슬라 생태계'가 버크셔 해서웨이의 사업

포트폴리오 및 여러 산업 분야에 큰 충격을 줄 수 있다고 경고한 것이다.

이처럼 테슬라는 전기자동차를 중심으로 독자적인 생태계를 구축해 기존 자동차 기업들은 상상도 못하는 다양한 산업 분야에 진출하는 중이다. 단순히 진출하는 것을 넘어서 여러 산업 분야의 지형을 통째로 바꾸고 있다. 즉, 테슬라는 기존 자동차 기업들과 달리 자동차 판매 외에도 다양한 방법을 통해 전기자동차에서 수익을 낼 수 있는 길을 만들어 놓았다. 이는 마치 애플의 아이폰이 이전의 피처폰과 달리 폰 판매 이후에도 앱스토어 수수료, 서비스 구독료, 액세서리 판매 등으로 수익을 올리는 것과 같다. 따라서 앞으로 테슬라는 기존 자동차 기업들과 비슷한 가격으로 자동차를 판매하더라도 그 자동차에서 얻는 수익은 훨씬 많을 것이다.

그리고 이렇게 테슬라 생태계를 통해 전기자동차로 얻을 수 있는 가장 큰 수익이 바로 AI 기반 자율주행 기술인 FSD와 이 기술을 이용한 로보택시인 '사이버캡'이다. 다음부터는 이에 대해 이야기해 보자.

FSD와 사이버캡

자율주행 기술에 대한
사람들의 오해

AI 기반 자율주행 기술에 대해 어떻게 생각하냐고 물으면 사람들의 반응은 크게 두 가지로 갈린다. 하나는 'AI가 아무리 똑똑해져도 사람만큼 운전을 잘할 수 없다'라는 반응과 다른 하나는 '아무리 기술이 뛰어나도 한 번의 실수로 사람이 죽을 수 있기 때문에 도입해서는 안 된다'는 반응이다. 하지만 이 두 반응 모두 AI 기술과 AI 기술 도입의 역사에 대한 무지에서 나온 오해다.

일반 첫 번째 반응에 대해 생각해 볼 수 있는 아주 좋은 예가 있다. 바로 2016년 이세돌 9단과 구글 딥마인드가 만든 바둑 AI '알파고(AlphaGo)'의 바둑 대결이다. 알파고가 당시 세계 최고 바둑 기사였던 이세돌 9단에게 도전할 때 거의 모든 사람들, 특히 프로 바둑 기사들은 이세돌 9단의 승리를 예상했다. 체스의 경우 이미 1997년에 AI 컴퓨터가 당시 세계 체스 챔피언을 이겼지만, 이들은 '바둑은 체스보다 훨씬 복잡해 인간을 이기기 어렵다'라고 주장했다. 실제로 바둑은 경우의 수가 약 10^{170}개로 체스의 경우의 수(약 10^{45}개)는 물론, 관측 가능한 우주에 존재하는 모든 원자(약 10^{82}개)보다도 압도적으로 많다. 하지만 우리나라에서 거의 유일하게 알파고의 승리를 예측한 사람이 있었는데, 바로 김진호 당시 서울과학종합대학원 빅데이터 MBA 교수였다. 대결 전 그는 여러 언론에 자신의 예측을 말했다가 '바둑을 모른다', '한국인을 응원하지 않는다'며 엄청난 비판을 받았지만 대결 후 재평가 되었다.

그 뒤로 9년이 지난 지금, 바둑 AI는 어디까지 발전했을까? 1960년대 세계 바둑계를 평정한 대만 출신의 바둑기사 린하이펑은 '만일 바둑의 신과 대국한다면 먼저 몇 점을 놓아야 이길 수 있겠는가?'라는 질문에 '석 점을 놓는다면 웬만해서는 지지 않을 것이고, 목숨을 걸어야 한다면 넉 점을 놓겠다'라고 답했다. 바둑 실력이 낮은 하수는 고수와 바둑을 둘 때 자신의 돌을 깔아두는 '접바둑'을 두는데, 인간 최고수 정도면 바둑돌을 세 개만 미리 깔아도 바둑의 신을 이길 자신이 있다는 뜻이었다. 그런데 2024년 현재 세계 랭킹 1위인 신진서 9단은 '전 재산을 걸고 바둑 AI와 석 점 접바둑을 두면 이길 자신이 있는가?'라는 질문에 '100% 이긴다고 장담하지는 못한다'라고 답했다. 바둑 AI가 인간 최고수를 이긴 지 10년도 되지 않아서 상상 속에만 존재했던

'바둑의 신'과 비슷한 실력을 갖출 정도로 성장한 것이다. 이처럼 기술의 발전, 특히 AI의 발전 속도와 도달 수준은 언제나 사람들의 예상을 뛰어넘었다. 참고로 구글 딥마인드의 CEO 데미스 허사비스는 알파고 이후 AI 기반 단백질 구조 예측 프로그램인 '알파폴드(AlphaFold)'를 개발해 신약 개발의 혁신을 가져다준 공로로 2024년 노벨화학상을 수상했다.

테슬라는 회사 설립 초창기부터 완전 자율주행을 목표로 자율주행 기술을 발전시켰다. 그리고 이를 바탕으로 2020년 10월 처음으로 주행 보조 기술이 아닌 완전 자율주행 기술인 'FSD Beta'를 미국에 배포하기 시작했다. 이때 일부 자동차 전문가들은 '운전하면서 발생하는 변수는 거의 무한하기 때문에 완전 자율주행은 불가능하다'라고 비판했다. 이세돌 9단과 알파고 대결에서 AI 전문가가 아닌 바둑 전문가들이 했던 말과 너무나 흡사하다. 그리고 바둑 전문가들의 예상처럼 일부 자동차 전문가들의 섣부른 예상도 빗나가고 있다.

처음에는 혹시나 모를 사고를 줄이기 위해, FSD 구매자 중 보험 파트에서 언급했던 '안전 점수'가 높은 운전자를 선별해 FSD Beta를 배포했다. 기술의 발전에 맞춰 FSD Beta를 받을 수 있는 운전자 수를 빠르게 늘려 가던 테슬라는 2022년 11월에 드디어 FSD를 구매한 운전자라면 누구든 FSD Beta를 받을 수 있게 바꾸었다. AI 기반 자율주행 기술을 불특정 다수에게 배포한 건 테슬라가 세계 최초다. 그리고 2024년 4월 자율주행을 위한 모든 종류의 주행 역량을 어느 정도 갖췄다고 판단한 테슬라는 베타 버전의 종료를 선언하고 공식 명칭을 'FSD(Supervised)'로 바꾸었다. 2024년 6월에는 운전대에 손을 올리지 않아도 전방주시만 제대로 하고 있으면 운전대를 잡으라는 경고 없이 자율주행 기능이 유지되는 FSD 버전이 출시되었다. 2024년 12월에는 출발지 주차 공간에서 목적지 주차 공간까지 자동차가 완전히 자율적으로 움직이는 P2P(Park-To-Park) 기능이 탑재된 FSD V13이 출시되었다. 이처럼 테슬라의 자율주행 기술은 바둑 AI처럼 사람들의 생각보다 훨씬 빠르게, 높은 수준으로 발전했다.

다른 회사의 자율주행과 달리 FSD는 많은 운전자가 오랫동안 사용했기 때문에 운전 자료를 쉽게 찾아볼 수 있다. 아예 FSD 운전 영상만 꾸준히 올리는 유튜버도 상당히 많다. 이들이 과거부터 올린 영상을 보면 지난 4년간 FSD가 얼마나 발전했는지 확인할 수 있다. 2024년 12월을 기준으로 FSD를 사용해 본 사람이나 FSD가 운전하는 영상을 본 사람 모두 FSD가 몇몇 상황을 제외하면 사람보다 훨씬 운전을 잘한다는 데 이견이 없다. 비보호 좌회전할 타이밍을 잡기 위해 차량을 조금씩 앞으로 움직이기도 하고, 공사 구역을 스스로 인지해 반대편에 차가 없다면 과감히 중앙선도 밟는다. 심지어 한 번 잘못 들어간 길을 다시 빠져나온 뒤에는 다시 그 길로 들어가지 않는 등 추론 능력이 있음을 보여 주었다.

이처럼 사람들이 자율주행 기술의 발전 과정을 직접 경험하자

'AI 자율주행 기술의 운전 실력이 사람을 뛰어넘을 수 없을 것이다'라는 예상은 많이 사그라들었다. 대신 '아무리 자율주행 기술이 뛰어나도 한 번의 실수로 사람이 죽을 수 있기 때문에 도입해서는 안 된다'는 반응이 상당히 많아졌다. 하지만 이 역시 기술 도입의 역사를 조금만 생각해 보면 전혀 맞지 않다는 것을 알 수 있다. 만약 사람이 죽는 게 두려워서 기술 도입을 막는다면, 인류는 여전히 석기 시대에 살고 있을 것이다. 지금 우리가 쓰는 그 어떤 기술도 안전을 100% 보장하는 기술은 없다.

아주 쉬운 예를 들어 보자. 엘리베이터는 사람들이 아무 거리낌 없이, 하루에도 여러 번 이용하는 시설이다. 하지만 아무리 안전 장치를 만들고 정기적으로 점검해도 엘리베이터가 추락 사고로 죽는 사람은 매년 발생한다. 그러나 이런 사고가 발생할 때마다 '엘리베이터의 기술이 완전하지 않으니 엘리베이터 사용을 전면 금지하자'라고 주장하는 사람은 없다. 왜냐하면 승강기 보유 대수 대비 사고 건수인 사고발생률이 0.01% 정도로 현저히 낮기 때문이다. 만약 자율주행 기술 도입 반대와 같은 논리로 한 명도 죽지 않는다는 보장이 될 때까지 엘리베이터가 사용되지 않았다면, 지금까지도 10층 이상의 건물은 존재하지 않았을 것이다.

엘리베이터보다 몇몇 사람들이 실제로 이용하기 꺼리는 기술 하나를 더 예로 들어 보자. '비행기'는 자동차, 기차와 더불어 대표적인 교통수단이다. 참고로 테슬라의 주행 보조 기술 이름인

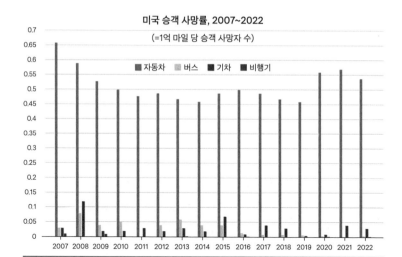

미국 승객 사망률, 2007~2022

(=1억 마일 당 승객 사망자 수)

■ 자동차　■ 버스　■ 기차　■ 비행기

[그래픽 ⑤] 교통수단별 1억 마일 동안 발생하는 사망자 수 비교
자동차가 1억 마일당 0.5명 정도로 제일 높고, 버스와 기차는 엇비슷하다. 비행기는 거의 보이지 않는다.

'오토파일럿(Autopilot)'은 원래 비행기 자율주행 기술을 일컫는 말로, 비행기는 이륙과 착륙을 제외하면 거의 자동으로 비행한다. 하지만 비행기는 한 번 사고가 나면 탑승객 전원이 사망하는 경우가 많기 때문에, 비행기 탑승을 겁내거나 비행기가 위험한 교통 수단이라고 생각하는 사람이 많다. 하지만 비행기는 다른 교통 수단과 비교가 안 될 정도로 사망률이 가장 낮은 교통 수단이다. 따라서 통계로 볼 수 있는 안전만 생각한다면, 최대한 비행기를 이용해야 한다.

이처럼 사람들은 기존에 있지 않았던 기술이 처음 등장하면 그 위험성을 과장하여 인식한다. 그러다가 그 기술의 이익을 경험하기 시작하면, 태도를 바꾸어 사람의 목숨을 잃을 가능성이 엄연히 남아 있어도 기술을 적극적으로 이용한다. 이런 기술 도입의 특성을 고려해 봤을 때, 자율주행 기술도 사망률 대비 기술 도입으로 생기는 가치가 충분히 크다는 것이 입증되면 빠른 속도로 사용될 것이다. 그리고 성숙한 자율주행 기술이 엄청난 가치를 창출하고 인류의 삶을 변화시킬 거라는 예상은 누구나 쉽게 할 수 있다. 따라서 자율주행 기술 도입은 사람들의 인식 및 기술 발전 속도에 따라 도입 방법이나 시점이 달라질 뿐, 사망 사고율이 일정 수준 이하로 낮아지면 보편적으로 사용될 것이다.

자율주행 기술을 긍정적으로 바라보게 되었다면, 이제는 어떤 자율주행 기술이 제일 먼저 도입될 것인지 살펴봐야 한다.

다른 회사 자율주행 기술의 현주소

현재 자율주행 기술을 개발하는 회사는 기존 자동차 기업, IT 기업, 소규모 스타트업 등 아주 다양하다. 그리고 각 업체들은 각자 자신의 자율주행 기술이 제일 앞서 있다며 나름의 '성과'를 과시하고 있다. 이 중에서 특히 '세계 최초'라는 타이틀을 가진 두 회사의 자율주행 기술을 살펴보자.

대중에게 자율주행 기술로 제일 많이 알려진 회사는 구글의 자회사인 웨이모다. 웨이모는 2020년 10월 세계 최초로 운전자가 타지 않은 '로보택시 서비스'를 대중에게 선보였고, 2024년 10월 미국 4개 도시에서 유료 로보택시 서비스를 제공하고 있다. 반면 테슬라는 기존 테슬라 차량을 이용한 무인 자율주행 승차 공유 서비스를 2025년에, 운전대와 페달이 없는 '사이버캡'의 양산은 2026년에 시작한다고 발표했다. 이렇게 보면 웨이모의 자율주행 기술이 테슬라보다 훨씬 앞서 있는 것으로 보인다. 실제로 가이드하우스 인사이츠가 2023년에 발표한 자율주행 시스템 기술 순위에서 웨이모는 조사 대상 기업 중 2위를, 테슬라는 조사 대상 기업 중 꼴찌인 16위를 기록했다. 하지만 웨이모의 로보택시 서비스 방법과 무인 자율주행 자동차의 구조를 자세히 들여다보면 기술적, 상업적으로 심각한 문제들이 많다는 걸 알 수 있다.

우선 웨이모의 무인 자율주행 자동차부터 살펴보자. 웨이모는 무인 자율주행 자동차를 개발할 때부터 전용 차량을 생산할 능력이 없었기 때문에, 기존 자동차 기업의 자동차를 가져와 자율주행을 위한 각종 센서 및 장치를 부착했다. 앞서 언급했듯이, 내연기관 자동차를 대량생산하는 노하우를 가진 기존 자동차 기업조차 동력 계통만 달라진 전기자동차를 효율적으로 대량생산하지 못하고 있다. 하물며 무인 자율주행을 전혀 고려하지 않고 만들어진 자동차를 가져와 개조하는 방식으로는 대량생산 자체가 불가능하다. 애초에 자율주행 서비스 수요가 늘더라도 제대로 자동차를 공급할 수 없는 구조인 것이다.

더 심각한 문제는 웨이모의 로보택시 서비스가 지속 가능한 비즈니스 모델이 아니라는 점이다. 일단 웨이모에 쓰이는 차종인 재규어 I-PACE의 소비자 가격은 7만 3,875달러(약 1억 1,000만 원)부터 시작한다. 여기에 웨이모는 레이저를 쏴서 돌아오는 시간을 확인해 거리를 측정하는 라이다(LiDAR), 사람처럼 가시광선

[그림 ⑤] 웨이모의 무인 자율주행 자동차인 '웨이모 드라이버'의 모습

으로 사물의 위치와 거리를 인식하는 카메라, 초음파 영역의 전파를 사용해 사물까지의 거리를 측정하는 레이더(Radar)까지 세 가지의 센서를 탑재했다. 또한 웨이모는 우리가 일반적으로 사용하는 내비게이션 지도보다 훨씬 고해상도의 지도인 'HD map'을 사용한다. 따라서 여러 센서를 통해 감지되는 데이터와 고용량의 HD map 데이터까지 실시간으로 처리할 컴퓨팅 성능이 필요하고, 이를 위해 웨이모는 트렁크 밑에 거대한 서버용 컴퓨터를 설치했다. 안 그래도 비싼 차량에 각종 센서와 고성능 컴퓨터까지 설치하다 보니 차 한 대의 가격이 대략 약 20만 달러(약 2억 8,000만 원)로 치솟았다. 이 차량 가격에 맞춰 서비스 요금을 책정하면 아무도 웨이모를 이용하지 않으니, 웨이모는 상당한 적자를 감수하면서 기존 차량공유 서비스 기업과 비슷한 요금을 받고 있다.

웨이모가 감당해야 할 비용은 이게 다가 아니다. 웨이모의 자율주행 기술이 사람의 개입이 전혀 필요하지 않을 정도로 완벽하지 않기 때문에 서비스에 문제가 생길 경우를 대비해 '원격 인간 운전기사'를 대기시켜 놓고 있다. 웨이모의 무인 자율주행 자동차 운행에 문제가 생기면, 서비스 센터에 있는 운전기사가 대신 차량을 운전하는 것이다. 정말 아이러니하게도, 웨이모는 무인 자율주행 서비스를 하면서도 운전기사 인건비를 여전히 내고 있다.

HD map에 의존하는 자율주행 기술 역시 한계점이 명확하다. 비록 감시가 필요한 버전이라고 해도 테슬라의 FSD는 미국 어느 지역에서든 사용할 수 있는 반면, 웨이모는 HD map이 있는 지역에서만 제대로 자율주행 기술이 구현된다. 웨이모의 로보택시 서비스가 특정 도시 안에서도 특정 지역에서만 사용할 수 있는 이유가 바로 여기 있다. 만약 웨이모의 자율주행 기술을 FSD처럼 미국 어디에서든 자유롭게 쓰려면 미국 전체의 HD map이 필요한데, 이를 만들기 위해서는 엄청난 시간과 비용이 필요하다. 설령 어렵게 미국 전체의 HD map을 만들어도 모든 문제가 해결되지 않는다. HD map을 만드는 동안에도 도로는 생기거나 없어지며, 아무리 업데이트 주기가 짧더라도 도로 상황 및 공사 구간은 실시간으로 바뀌기 때문에 언제나 구식 지도가 된다. 따라서 지도에 의지한 자율주행 기술은 돈과 시간이 많이 들고, 지도의 최신화가 근본적으로 불가능하다는 기술적 한계점도 명확하다.

이런 이유로 웨이모는 설립된 지 15년이 지났지만, 흑자를 기록하지 못하고 모회사인 구글의 지원에 의지하고 있다. 기업의 첫 번째 목적이 이윤 창출이라는 점을 생각하면, 웨이모는 기업으로서 이미 실패했다고 봐야 한다. 하지만 살펴봤듯이 웨이모는 무인 자율주행 전기자동차 개조 및 HD map 구축 때문에 앞으로도 흑자 전환을 기대하기는 어렵다. 아무리 자금 지원을 받는다고 해도 적자를 기록하며 계속 남아있는 기업은 역사상 존재하지 않았다. 만약 구글이 더 이상 웨이모의 미래가 없다고 판단하는 순간이 온다면, 웨이모는 순식간에 사라질 수 있다.

다음으로 기존 자동차 기업의 대표 주자인 벤츠를 살펴보자. 벤츠 역시 자율주행 기술과 관련해 세계 최초 타이틀이 하나 있다. 바로 세계 최초 레벨 3 자율주행 인증을 받은 자동차를 생산 및 판매한 자동차 기업이라는 것이다. 벤츠의 자체 자율주행 기술인 '드라이브 파일럿(Drive Pilot)'은 2021년에 독일 정부로부터 레벨 3 자율주행 인증을 받았고, 2022년 5월부터 드라이브 파일럿이 탑재된 자동차를 판매했다. 그리고 2023년 9월에는 미국에서도 레벨 3 인증을 받아 역시 드라이브 파일럿이 탑재된 자동차를 판매하기 시작했다.

국제자동차기술자협회인 SAE(Society of Automotive Engineers) International에서는 자율주행 수준을 총 6단계로 나누고 있다. 레벨 0은 '완전한 비자동화', 레벨 5는 '완전한 자동화'를 의미한다.

레벨 0	완전한 비자동화
레벨 1	운전자 보조
레벨 2	부분 자동화
레벨 3	조건부 자동화
레벨 4	고도 자동화
레벨 5	완전한 자동화

[표 ②]   SAE 자율주행 기술 수준 기준표

벤츠의 드라이브 파일럿 이전에 시중에 나온 주행 보조 기술은
레벨 2 이하였다. 레벨 2는 '부분 자동화'로 운전자가 항상 상황
을 주시하며 언제든 개입할 준비가 되어 있어야 한다. 또한 기술
이 작동하는 중에 사고가 나더라도 최종 책임은 운전자가 져야
한다. 그래서 레벨 2까지는 자율주행 기술이 아닌 주행 보조 기
술로 분류된다. 테슬라의 FSD 역시 언제든 운전자가 개입할 준
비를 해야 하고 사용하다가 사고가 나면 운전자가 책임을 져야
하므로 이 기준에 따르면 레벨 2의 주행 보조 기술이다.

반면 벤츠가 세계 최초로 받은 레벨 3는 '조건부 자동화'다. 레
벨 3의 자율주행 기술은 특정 조건이 충족되면, 운전자가 상황
을 주시하거나 개입할 준비를 할 필요가 없다. 그리고 실제 조
건이 충족되어 레벨 3 자율주행 기술이 작동하는 상태에서 사고
가 나면 운전자가 아닌 제조사가 책임을 진다. 말 그대로 조건부
이긴 하지만 개입할 준비를 하지 않아도 되고 사고의 책임을 제
조사가 지기 때문에 레벨 3부터는 자율주행 기술로 분류한다. 이

때문에 벤츠가 독일과 미국에서 가장 먼저 레벨 3 자율주행 인증을 받았다는 이유로 벤츠가 자율주행 기술에서 제일 앞서 있다고 평가하는 사람도 많았다. 언뜻 보면 자동차 관련 국제 공인 기관이 정한 기준으로 측정했을 때 제일 먼저 레벨 3에 도달한 기술인 만큼 이런 평가가 이상해 보이지 않는다.

그럼 과연 레벨 3 자율주행 기술 인증을 받은 벤츠의 드라이브 파일럿은 테슬라의 FSD보다 뛰어난 기술일까? SAE가 정한 각 단계별 자율주행 기술의 수준에 대한 설명을 보면 상당히 합리적으로 보인다. 하지만 이 분류에는 심각한 맹점이 있다. 설명했듯이 레벨 3는 특정 조건을 만족할 때 운전자의 개입 준비가 필요 없는데, 이 '특정 조건에 대한 기준'이 전혀 없다는 점이다. 만약 운전자가 개입 준비를 할 필요가 없는 조건이 아주 까다롭다면, 사실상 이 기술을 사용할 수 있는 상황이 거의 없다는 뜻이고 설령 레벨 3라고 해도 기술 수준이 높다고 말할 수 없다. 미국에서 레벨 3를 인증받았던 벤츠의 드라이브 파일럿이 작동되는 조건을 보면 벤츠가 이 맹점을 정확하게 꿰뚫고 이용했다는 걸 알 수 있다.

과연 화창한 낮에, HD map에 저장된 고속도로에서, 선행 차량이 있으면서, 시속 64km/h 이하를 유지할 수 있는 경우가 얼마나 될까? 이를 따져 보면 드라이브 파일럿은 사실상 쓸 수 없는 신기루 같은 기술이다. 반면 테슬라 FSD는 도로, 날씨, 시간, 선행 차량 여부에 상관없이 작동하고, 알아서 차선을 변경하고,

벤츠 드라이브 파일럿 작동 조건

- HD map이 저장된 지역 안에 있는 고속도로에서만 작동 가능
- 시속 40마일(약 시속 64km) 이하에서만 작동 가능
- 자동 차선 변경 불가
- 비가 올 때 사용 불가
- 밤에 사용 불가
- 공사 구간 사용 불가
- 전방 100m 이내에 '선행 차량'이 있을 때만 작동 가능

공사 구간을 인식해 피해 간다. 자율주행 기술 작동 조건과 실제 자율주행 영상을 비교해 본다면 SAE 기준으로 레벨 2인 테슬라의 FSD가 레벨 3인 벤츠의 드라이브 파일럿보다 월등히 뛰어나다. 벤츠는 자율주행 기술의 수준을 높이기보다 SAE 기준의 허점을 이용해 일상에서 쓰기도 어려운 자율주행 기술로 마케팅용 인증을 받는 꼼수를 부린 것이다.

이런 일이 발생한 근본적 원인은 SAE의 기준표가 실제 자율주행 기술 발전 방향과 전혀 맞지 않기 때문이다. 이 기준표는 2014년에 처음 제정되어 2021년까지 3번의 개정이 이루어졌지만, 레벨 0부터 레벨 5까지 6단계로 분류하는 방식과 각 레벨에 도달하기 위한 조건은 크게 달라지지 않았다. 하지만 자율주행 기술 발전을 비롯해 AI를 활용한 기술 발전은 결코 이렇게 순차적인 단계를 밟아 나가며 이루어지지 않는다. 어떠한 경우에도 사

람의 개입이 없는 완전 자율주행 기술 구현이 목표라면 처음부터 가능한 모든 조건을 설정해 AI를 학습시켜야 한다. 이는 마치 바둑 AI가 처음에는 초반 포석만 공부했다가 그 공부가 끝나면 그다음에 후반 수싸움을 공부하는 방식으로 훈련하지 않는 것과 같다. 따라서 자율주행 기술 수준이 낮을 때는 모든 조건에서 사람의 개입 준비가 필요하다가, 안전을 확신할 정도로 기술 수준이 올라가는 순간 모든 조건에서 사람의 개입이 필요없어지게 되는 것이다. SAE 기준표에 따르면 계속 레벨 2에 있다가 어느 순간 레벨 5로 한 번에 올라가는 셈이고, 실제 테슬라 FSD도 이런 식으로 발전하고 있다.

자동차에 적용되는 기술이라는 이유만으로 SAE, 즉 '자동차 기술자'협회에서 만들었기에 자율주행 기술 수준 기준표는 현실을 제대로 반영하지 못한다. 자동차에 적용된다는 사실을 제외하면 자율주행 기술 발전은 알파고나 챗GPT가 발전하는 방식과 더 흡사하다. 하지만 SAE 구성원은 대부분 공학 전문가이며, 기준표 역시 2021년에 마지막으로 업데이트 되었기 때문에 이후 엄청나게 성장한 AI 기술을 전혀 반영하지 못한다. 실제로 가이드하우스 인사이츠 선정 2023년 자율주행 시스템 기술 순위 4위를 차지한 크루즈의 모기업인 GM은 2024년 12월 크루즈에 대한 투자 중단을 발표했다. GM은 크루즈에 100억 달러(약 14조 원) 이상 투자했지만, 더는 기술 경쟁에서 승산이 없다고 판단한 것이다. 하지만 그저 SAE에서 만들었다는 이유로 아직도 리서치 기관, 각국의 정부 기관도 이 기준을 근거로 자율주행 기술을 평가하거나 관련 정책을 만들고 있다. 따라서 개발 과정 및 발전 방향을 전혀 반영하지 못한 자율주행 기준표가 바뀌지 않는 한 FSD는 실제 자율주행 실력과 상관없이 앞으로도 좋은 평가를 받기는 쉽지 않을 것이다.

그렇다면 과연 테슬라의 FSD는 진정한 자율주행 기술이 될 수 있을까? SAE가 정한 기준표에 얽매이지 않고 FSD가 어떤 특징을 가지고 있으며 어느 정도 기술력을 선보이는지 알아 보자.

테슬라 FSD만의 특징

　테슬라의 AI 기반 자율주행 기술인 FSD의 특징은 '사람처럼 보고 사람처럼 판단해 사람처럼 조작하는 운전'이다. 이러한 FSD의 발전 방향과 개발 목표는 현재 도로 교통 체계에서 가장 완벽한 자율주행 기술을 구축하는 데 적합하다.

　초창기 자동차는 지금처럼 전자 장비나 센서가 전혀 없었다. 그래서 사람들은 운전할 때 거의 눈에 보이는 가시광선 정보만을 이용해 운전했다. 그리고 도로 교통 체계 역시 사람의 시각에 의지하는 운전 방법에 맞게 진화해 왔다. 신호 체계가 색으로 구분되어 있는 이유도, 경고와 위험을 알리는 표지판이 전 세계적으로 각각 노란색과 빨간색으로 되어 있는 이유도 바로 여기에 있다. 따라서 사람처럼 가시광선으로 받는 정보에 기반해 학습된 자율주행 기술만이 현재 도로 교통 체계를 온전히 이해할 수 있고, 어떤 도로에서든 사용될 수 있다. 실제로 테슬라는 오로지 카메라만으로 수집한 데이터로 완전자율주행을 구현하는 것이 다른 센서를 같이 이용하는 것보다 더 나은 결과를 낸다는 사실을 확인했다. 이 때문에 테슬라는 오로지 카메라를 통한 시각 정보만으로 AI가 상황을 판단해 운전하는 것을 목표로 FSD를 개발했다. 즉, 환경을 기술에 맞추려고 노력한 다른 회사와 달리 테슬라는 기술을 이미 주어진 환경에 맞춘 것이다.

이런 방식의 자율주행 기술은 개발 비용을 현격하게 낮춤으로써 '지속 가능한 비즈니스 모델'을 만들 수 있다. 기술의 역사를 돌아봤을 때, 아무리 좋은 기술이라도 그 기술을 통해 부를 창출할 수 없으면 그 기술은 사용되지 않는다. 즉, 자율주행 기술이 아무리 안전하고 완전하다고 해도, 그 기술을 구현하는 데 돈이 너무 많이 들어 수익을 창출하지 못하면 사용되지 않는다. 테슬라 FSD는 웨이모나 벤츠처럼 자율주행 기술을 구현하기 위해 HD map이나 라이다 센서를 사용하지 않는다. 따라서 HD map을 만드는 비용, 고가의 라이다 센서 비용, 수많은 센서에서 들어오는 데이터와 고용량의 HD map 데이터를 처리하기 위한 서버급 컴퓨터 비용을 아낄 수 있다.

대신 테슬라는 예전부터 출시한 모든 모델에 기존 자동차 기업에서 만든 자동차보다 훨씬 많은 7개(모델 X, 모델 S) 혹은 8개(모델 3, 모델 Y, 사이버트럭)의 외부 카메라를 장착했다. 개수뿐만 아니라 카메라가 설치된 위치도 기존 자동차 기업에서 만든 자동차와는 확연하게 다르다. 테슬라 자동차는 앞유리에 2개 혹은 3개의 카메라가 설치되어 있는데, 이는 사람이 두 눈으로 사물의 원근감을 파악하는 원리로 전방의 자동차, 사물의 거리를 파악하기 위해서다. 또한 앞문과 뒷문 사이에 있는 '도어 필러(Door Pillar)'와 앞바퀴 위쪽인 '프론트 펜더(Front Fender)'에 카메라가 2개씩 설치되어 있는데, 이는 앞뒤에 비해 사각지대가 넓은 옆쪽을 커버하기 위해서다. 반면 기존 자동차 기업이 만든 자동차는 옆면에 카메라가 없거나, 있더라도 주행 보조 기술 중 하나인 차선 유지 장치를 위해 양쪽 사이드 미러 밑에 있다. 이 위치에 카메라가 있으면 차선을 잘 볼 수 있을지는 몰라도 옆면의 사각지대를 온전히 커버하기는 어렵기 때문에 자율주행에는 적합하지 않다. 이처럼 테슬라는 차량을 설계할 때부터 단순히 운전자의 주행 보조가 아니라 완전한 자율주행 구현을 염두에 두고 카메라의 개수와 위치를 정한 것이다.

테슬라는 웨이모나 벤츠처럼 HD map과 여러 종류의 센서를 자동차에 설치해 무작정 데이터를 많이 모은다고 자율주행 수준이 올라간다고 생각하지 않았다. 이는 현재 교통사고 사망 원인을 보면 확실하게 알 수 있다. 미국에서 2022년 한 해 동안 교통사고로 4만 2,514명이 사망했는데, 이 중 음주 운전, 과속, 졸음운전, 운전자 부주의로 발생한 교통사고로 죽은 사람만 3만 5,383명이다. 즉, 사망 사고의 대부분은 시각 정보의 부족이 아니라 운전자의 집중력, 판단력 부족에서 발생한다. 반대로 말하면, 사각지대와 인간의 제한적인 시야각 때문에 시각 정보가 불충분하더라도 운전자의 집중력과 판단력이 정상 범위라면 사망 사고 발생 확률이 크게 줄어든다. 따라서 테슬라는 7~8대의 카메라를 동원해 사각지대 없이 충분한 시각 정보를 일정하게 받아들이는 것만으로도 자율주행에 필요한 데이터의 양과 질은 충분히 확보한다고 보았다. 사람이 운전할 때 운전자의 집중력과 판단력이 가장 중요한 것처럼, 테슬라는 자율주행 기술력이 정보를 해석하고 판단하는 AI 수준에 달렸다고 판단했다.

그래서 테슬라는 수많은 카메라에서 얻은 시각 정보를 가지고 FSD를 훈련시켰다. 다른 AI와 다르게 가상 세계가 아닌 물리적인 현실 세계에서 쓰일 AI이기 때문에 실제 주행 데이터를 활용한 것이다. 이처럼 테슬라 자동차에 설치된 카메라는 AI가 작동할 때 필요한 시각 정보를 제공하면서, 동시에 AI 훈련에 필요한 현실 세계의 시각 정보를 제공하는 역할을 맡고 있다. AI 구동에 최적화된 컴퓨터를 설치함으로써 여러 종류의 센서 및 서버 수준의 거대한 컴퓨터를 설치한 웨이모와 달리, 테슬라는 차량 생산 원가를 적정 수준에 맞췄다. 대신 AI 훈련을 위해 그 어떤 자율주행 개발 회사보다 많은 AI 반도체 칩을 구매해 수퍼컴퓨터 클러스터 시스템을 구축했다. 이 시스템을 이용해 수많은 테슬라 자동차로부터 주행 데이터를 받아 FSD를 훈련시키고, 훈련된 FSD를 다시 수많은 테슬라 자동차에 설치해 구동하면서 피드백을 받는 선순환을 만들었다.

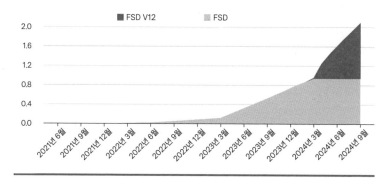

(단위: 10억 마일)

FSD V12 ■ FSD

2.0
1.6
1.2
0.8
0.4
0.0

2021년 6월 2021년 9월 2021년 12월 2022년 3월 2022년 6월 2022년 9월 2022년 12월 2023년 3월 2023년 6월 2023년 9월 2023년 12월 2024년 3월 2024년 6월 2024년 9월

[그래픽 ⑥] FSD 누적 주행거리
2023년 3분기까지 20억 마일(약 32억 km)을 돌파했는데, 이중 약 절반이 2024년에 출시한 FSD V12 주행 거리다.

테슬라의 자동차 판매량 및 FSD 구매량이 늘어나면서, FSD를 이용한 누적 주행거리도 기하급수적으로 늘어났다. 이에 따라 FSD가 훈련할 수 있는 주행 데이터도 기하급수적으로 늘어나 FSD의 성능도 빠르게 발전했다. FSD V11까지는 사람이 직접 입력한 코딩이 있었기에 진정한 AI 기반 자율주행 기술이라고 보기 어려웠다. 하지만 2024년부터 배포된 V12는 30만 줄에 달하는 C++ 코드를 모두 없애고 카메라로부터 들어온 시각 정보의 분석과 판단하는 일련의 과정을 전부 AI에게 맡겼다. 이는 마치 구글 딥마인드가 인간의 기보를 학습시켜 이세돌 9단을 이긴 '알파고 리' 버전을 만든 뒤, 오로지 바둑 규칙만 제공받고 스스로 학습한 '알파고 제로' 버전을 만든 것과 같다. 개선된 AI 알고리즘과 알파고 리 버전을 학습할 때보다 훨씬 많은 연산 성능을 투입한 알파고 제로 버전은 불과 훈련 36시간 만에 알파고 리 버전을 뛰어넘었다. 마찬가지로 V12 역시 V11보다 훨씬 뛰어난 자율주행 능력을 선보였고, 테슬라는 인간의 코딩이 아닌 AI 신경망 모델을 개선하고 훈련시키는 방법으로 자율주행 능력을 빠르게 끌어올리고 있다.

다른 기업이 테슬라와의 자율주행 기술 격차를 조금이라도 줄이려면, 테슬라보다 강력한 수퍼컴퓨터 클러스터 시스템을 갖추어 AI를 훈련시켜야 할 것이다. 그리고 그렇게 훈련한 AI를 즉시 받아서 사용할 수 있는 수십만 대의 자동차를 갖춰 실제 주행해 보고 피드백을 받아야 한다. 하지만 테슬라를 제외하면 둘 중 하나조차 제대로 갖춘 기업이 없다. 따라서 시간이 지나면 지날수록 테슬라와 다른 기업의 자율주행 기술 격차는 더 빠르게 벌어질 것이다. 즉, 자율주행 기술이 상용화된다면 그걸 할 수 있는 기업은 지금 시점에서 테슬라 하나뿐이다. 테슬라'도' 못 하든지, 테슬라'만' 하든지 둘 중 하나다. 테슬라의 FSD 발전 속도와 자율주행 기술의 사회적 이익을 고려할 때, 결국 테슬라만이 자율주행을 상용화할 수 있을 것이다.

테슬라 자율주행 기술이 가져올
부가가치

　성숙한 자율주행 기술이 가져다줄 사회적 이익이 엄청나다는 건 누구나 쉽게 상상할 수 있다. 그리고 만약 그 성숙한 자율주행 기술을 테슬라가 최초로, 유일하게 구현할 수 있다면, 이 기술이 가진 사회적 이익의 상당 부분을 테슬라가 가져갈 것이다. 하지만 누구나 쉽게 생각할 수 있는 이익 외에도 FSD가 상용화되었을 때 테슬라가 얻을 수 있는 가치는 훨씬 크고 다양하다.

　테슬라가 FSD를 개발하기 시작한 지 얼마 되지 않았을 때는 기존 자동차 기업들이 자체적으로 개발하든 자율주행 기술 개발 전문 기업과 손을 잡든 충분히 FSD를 이길 수 있다고 자신했다. 하지만 최근에는 테슬라를 제외하면 상용화할 수 있는 자율주행 기술을 개발할 수 있는 기업이 없다는 걸 인정하고 테슬라와 손을 잡으려 하고 있다. 실제로 일론 머스크는 2024년 1분기 실적 발표에서 기존 자동차 기업 중 한 곳과 FSD 라이센스 거래에 대해 논의 중이라고 밝혔다. 즉, 테슬라는 FSD를 테슬라 외에 기존 자동차 기업들이 만든 자동차에도 적용할 가능성을 열어 둔 것이다.

이렇게 되면 테슬라는 기존 자동차 기업이 FSD가 설치된 자동차를 한 대 팔 때마다 일정 금액의 FSD 라이센스 비용을 받을 수 있다. 이는 마치 노트북 회사가 윈도우가 설치된 노트북을 한 대 팔 때마다 윈도우 제작사인 마이크로소프트에 일정 금액을 주는 것과 같다. 이런 소프트웨어 라이센스 사업은 여러 면에서 장점이 있다. 먼저 홍보비를 많이 쓸 필요가 없다. 라이센스 비용을 내고 소프트웨어를 탑재한 하드웨어 제조 회사들이 자신들의 제품을 많이 팔기 위해 알아서 돈을 써 가며 홍보해 주기 때문이다. 노트북 회사가 윈도우가 탑재된 자사 노트북을 적극적으로 홍보해 많이 팔수록 마이크로소프트의 매출이 늘어나듯, 기존 자동차 기업들이 FSD가 탑재된 자사 자동차를 적극적으로 홍보해 많이 팔수록 테슬라의 이익이 늘어난다. 또한 소프트웨어라는 특성상, 일단 개발에 성공하고 나면 그 뒤에는 아무리 많은 곳에 설치되더라도 들어가는 비용이 거의 없기 때문에 많이 팔릴수록 이익률이 증가한다.

FSD 라이센스 비용은 테슬라가 FSD 완성을 통해 얻을 수 있는 부가가치 중 극히 일부에 불과하다. 완전 자율주행 기술이 상용화되면, 자동차는 더이상 운전하는 공간이 아니라 '움직이는 개인 공간'이 된다. 사람들은 이미 버스, 택시처럼 남이 대신 운전해 주는 차 안에서 스마트폰으로 게임, 영상 시청, 업무 등 다양한 활동을 한다. 이를 위해 사람들은 각종 앱을 구매하거나 구독 서비스를 신청해 매달 구독료를 낸다. 그리고 이 돈 중 일부는 앱 생태계를 만든 회사가 수수료 명목으로 가져간다. 따라서 움직이는 개인 공간인 차 안에서 사용할 수 있는 앱 생태계를 잘 구축해 놓으면 컴퓨터 프로그램과 마찬가지로 생태계 크기에 비례해 이익률이 높아진다.

아이폰, 아이패드, 애플워치, 맥북 등 스마트 기기 판매와 독자적인 앱 생태계인 '앱스토어'를 운영하는 애플의 예를 들어 보자. 매출액 기준으로는 제품 부문이 약 75%, 서비스 부문이 약 25%를 차지한다. 하지만 매출총이익 기준으로는 제품 부문이 약 60%, 서비스 부문이 약 40%를 차지한다. 이는 제품 부문의 매출총이익률이 약 37%에 불과한 반면, 서비스 부문의 매출총이익률은 무려 74%에 달하기 때문이다. 이처럼 애플이 다른 스마트폰 제조사보다 훨씬 높은 매출과 이익을 기록할 수 있는 이유는 독자적인 하드웨어, 소프트웨어, 앱 생태계를 모두 갖춘 유일한 회사이기 때문이다. 그리고 자동차를 만드는 기업 중에 애플처럼 하드웨어, 소프트웨어를 다 갖추고 앱 생태계까지 준비하는 회사는 테슬라가 유일하다.

아직 FSD가 완성되거나 상용화되지도 않았지만, 테슬라는 이미 애플처럼 자율주행 시대의 독자적인 자동차 앱 생태계를 만들 준비를 해 두었다. 테슬라 전기자동차에는 이미 거대한 터치 스크린과 고사양 게임을 돌릴 수 있을 정도의 컴퓨터, 고속 통신이 가능한 장비가 갖추어져 있다. 이미 사람들은 스마트폰 때문에 앱을 다운로드받고 터치를 이용한 조작에 익숙해져 있기 때문에, 제대로 된 앱 생태계만 갖춰지면 자동차를 커다란 스마트 기기처럼 사용할 수 있다. 또 스마트폰 대비 큰 디스플레이, 오래가는 배터리, 강력한 연산 성능, 프라이버시가 보장된 개인 공간이라는 장점이 있어 스마트폰보다 훨씬 폭넓은 활용성을 가지고 있다. 따라서 테슬라가 FSD 상용화에 맞춰 테슬라 전기자동차 사용자만을 위한 자동차 앱 생태계를 만들면 기존 스마트폰 앱 생태계보다 더 크고 빠르게 성장할 것이다. 그리고 애플처럼 앱 생태계가 커지면 테슬라의 서비스 부문 매출과 이익도 가파르게 상승할 것이다.

이게 끝이 아니다. FSD가 완전히 상용화되면, 테슬라 전기자동차 고객들은 자기 차를 이용해 수익을 올릴 수 있다. 이른바 무인 자율주행 차량 공유 서비스, 즉 '로보택시(robotaxi)' 서비스가 가능하다. 상업용 차량을 제외하면 차가 움직이는 시간보다 주차장에 주차되어 있는 시간이 압도적으로 길다. 따라서 자신이 차량을 써야 할 때를 제외하면 자동차 스스로 다른 사람을 태워 원하는 목적지까지 데려다주고 돈을 벌 수 있는 사업을 펼칠 수 있다. FSD는 웨이모나 벤츠와 달리 HD map을 기반으로 작동하는 기술이 아니기 때문에 정부의 승인만 받으면 그 즉시 어디서든 사용할 수 있다. 또한 웨이모보다 차량 제작 원가가 훨씬 저렴하고 원격 인간 운전기사도 없기에 인건비도 들어가지 않아서 기존 택시나 차량 공유 서비스와 충분히 경쟁할 수 있는 요금을 책정할 수 있다.

하지만 테슬라는 여기에 만족하지 않았다. FSD를 통해 완전자율주행 구현이 확실히 가능하다고 판단한 테슬라는 그 가치를 극대화 할 방법을 생각했다. 그에 대한 답이 바로 2024년 10월 '우리, 로봇(We, Robot)' 행사에서 공개된 로보택시 전용 차량인 '사이버캡' 콘셉트카이다.

테슬라가 사이버캡을
따로 만든 이유

테슬라의 사이버캡 발표를 보고 의아했던 테슬라 투자자도 있을 것이다. 앞에서 말했듯이, 완성도 높은 FSD가 완성되면 기존에 생산하는 전기자동차로도 로보택시 서비스가 가능하기 때문이다. 왜 굳이 테슬라는 전용 모델을 따로 개발하는 것일까? 결론부터 말하자면, 차량 생산 원가를 줄여 기존 택시, 차량 공유 서비스보다 훨씬 저렴한 요금으로 로보택시 서비스를 선보이기 위해서다. 실제로 테슬라는 사이버캡의 판매 가격을 3만 달러(약 4,200만 원) 이하로, 로보택시 요금을 세금 제외 1마일당 20센트(약 280원)로 책정하는 것을 목표로 하고 있다. 2024년 10월 기준 가장 저렴한 테슬라 자동차가 약 4만 2천 달러(약 5,880만 원)이고, 미국 평균 버스 요금이 1마일당 약 1달러 정도라는 점을 감안할 때 이는 엄청난 가격 경쟁력이다.

공개된 사이버캡은 콘셉트카이지만 2026년에 양산을 시작해 2027년에 대량생산을 목표로 하고 있다. 2019년 11월에 콘셉트카를 공개하고 4년 뒤 큰 변화 없이 출시된 사이버트럭의 사례를 생각해 보면 사이버캡 양산차 역시 콘셉트카와 기본적인 디자인과 주요 성능은 같을 것이다. 따라서 공개된 사이버캡을 자세히 살펴보면 테슬라의 차량 생산 원가 및 서비스 요금 절감 전략을 엿볼 수 있다.

먼저 사이버캡은 자율주행'도' 되는 차량이 아니라 자율주행'만' 되는 차량으로 만들어졌다. 그래서 사람이 운전할 수 없다. 운전대도, 페달도, 한국에서 흔히 백미러라고 부르는 '리어뷰 미러(Rearview Mirror)'도, 외부에 사이드 미러도 없다. 물론 이는 FSD가 앞으로 정부가 상용화를 승인하고 대중이 안심할 수 있을 정도로 운전을 잘할 것이라는 테슬라의 자신감이기도 하다. 하지만 테슬라가 사이버캡을 이렇게 만든 가장 큰 이유는 사람이 직접 운전할 때만 사용하는 부품을 없앰으로써 차량 생산 원가를 줄이기 위해서다. 자동차는 눈에 보이는 부품보다 보이지 않는 부품이 훨씬 많다. 예를 들어 사람이 차의 진행 방향을 제어하는 운전대를 없앴다는 뜻은, 운전대가 돌아가는 힘을 차축에 전달하는 모든 연결부위 및 돌아가는 힘을 증폭시키는 모터까지 같이 없앴다는 뜻이다.

또한 사이버캡의 디자인에서도 테슬라가 얼마나 비용을 절감하려 했는지 엿볼 수 있다. 사이버캡은 기존에 나왔던 테슬라 전

[그림 ⑥] 사이버캡 내부
운전대도, 페달도, 백미러라고 부르는 '리어뷰 미러(Rearview Mirror)'도, 사이드 미러도 없다.

기자동차보다 사이즈를 줄여 들어가는 소재의 양을 줄였다. 또한 택시나 차량 공유 서비스 자동차를 이용하는 손님 수가 대부분 1명이라는 통계를 근거로 좌석을 2개로 과감히 줄였다. 과거와 달리 최근에는 시트에 전동 조절 장치, 통풍, 열선 등 다양한 기능이 들어가므로 단가가 상당히 비싸기 때문에 이 같은 시트 개수 감소는 원가 절감에 큰 도움이 된다. 대신 자동차 루프라인이 트렁크까지 완만하게 떨어지는 패스트백(Fastback) 디자인을 채택해 상대적으로 작은 크기의 차량에도 많은 짐을 실을 수 있도록 설계되었다.

무엇보다 가장 많이 원가를 절감한 부분은 배터리다. 전기자동차에서 가장 비싼 부품인 배터리의 용량을 줄임으로써 원가를

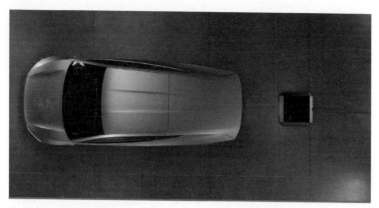

[그림 ⑦] 무선 충전 시스템을 이용하는 사이버캡

크게 낮춘 것이다. 하지만 이렇게 배터리 용량이 줄어들면 한 번 충전으로 갈 수 있는 주행거리도 줄어든다. 안 그래도 내연기관 자동차보다 주행거리가 짧고, 충전하는 데 시간도 오래 걸리는데 주행거리가 줄어들면 문제가 되지 않을까? 그러나 사이버캡이 로보택시 서비스 전용 차량이라는 점을 생각하면 이는 전혀 문제가 되지 않는다. 택시나 차량 공유 서비스를 이용하는 고객 대부분이 1회 충전으로 갈 수 있는 주행 가능 거리보다 훨씬 짧은 거리만 이용하기 때문이다. 택시가 많은 대표적인 도시인 미국 뉴욕시의 평균 택시 이용 거리는 3.8마일(약 6.1km)에 불과하다.

로보택시 서비스에 쓰일 차량에는 1회 충전으로 갈 수 있는 주행거리보다 언제, 어떻게 충전할 것인지가 훨씬 중요하다. 만약 현재 테슬라가 판매하는 전기자동차로 무인 자율주행 차량 공유 서비스를 할 수 있다고 해도 충전만큼은 사람이 직접해 주어야 한다. 자동차 혼자 수퍼차저에 있는 플러그를 충전구에 꽂을 수 없기 때문이다. 그래서 테슬라는 사이버캡에서 충전구를 없애는 대신 무선 충전 시스템을 탑재했다. 바닥에 있는 무선 충전기에 사이버캡이 정확하게 주차만 하면 곧바로 충전이 된다. 테슬라는 이미 택시가 필요한 도심에 수퍼차저 충전소를 많이 확보했기 때문에 그 자리에 몇 개의 사이버캡 전용 무선 충전기만 추가하면 충분히 많은 사이버캡을 충전할 수 있다. 또한 테슬라는 실시간으로 수퍼차저 충전소 상황과 모든 사이버캡의 배터리 상태를 공유해 충전이 필요한 사이버캡을 근처의 빈 무선 충전기로 정확하게 보낼 수 있다.

테슬라는 단순히 'FSD를 이용해 부가가치를 창출한다' 정도의 생각으로 사이버캡을 개발하는 것이 아니다. 이는 사이버캡과 같이 발표한 사이버캡과 같이 발표한 '로보밴(Robovan)' 콘셉트카를 봐도 알 수 있다. 로보밴 콘셉트카는 자동차보다는 열차 모양에 가깝고 바퀴도 보이지 않는다. 일론 머스크는 로보밴을 발표하면서 사람을 20명까지 태우거나 택배 화물을 실어 나를 수 있다고 밝혔다. 또한 테슬라가 현재 펩시코에 판매를 시작한 컨테이너 트럭인 '세미(Semi)'도 대량생산과 함께 FSD 탑재를 준비 중이다. 즉, 테슬라는 FSD로만 움직이는 다양한 이동 수단을 만들어서 기존의 택시, 차량 공유 서비스, 버스 등의 대중교통 체계와 트럭 등 화물 운송 체계를 완전히 바꾸겠다는 큰 그림을 그리고 있다. 테슬라는 도로를 달리는 모든 이동 수단과 운송 수단에서 역사상 유례가 없는 지

[그림 ⑧] 2024년 10월 '우리, 로봇' 행사에서 사이버캡과 함께 공개된 로보밴 콘셉트카

배력을 지닌 기업이 되기를 꿈꾸고 있다.

그런데 이렇게 FSD를 활용해 대중교통 체계, 화물 운송 체계를 바꿀 수 있는 사이버캡과 로보밴을 소개하는 자리에서 약간은 뜬금없지만, 역시 스스로 움직이는 제품이 하나 더 소개되었다. 바로 '테슬라 봇'으로도 불리는 AI 기반 휴머노이드 로봇인 '옵티머스(Optimus)'의 최신 버전이다. 옵티머스가 사이버캡, 로보밴, FSD 등과 무슨 관계가 있길래 테슬라는 이들을 같이 소개했을까? 왜 테슬라는 자동차로 열심히 번 돈으로 휴머노이드 로봇을 오랫동안 개발하고 있을까?

일상의 혁명을 가져올
휴머노이드 로봇,
테슬라 옵티머스

테슬라가 휴머노이드 로봇을
만들 수밖에 없는 이유

테슬라 옵티머스의 역사를 정확히 모르는 사람들은 왜 테슬라
가 계속 휴머노이드 로봇을 개발하는지 이해하기 어려울 것이다.
휴머노이드 로봇에 신경 쓸 여력이 있다면, 자동차 생산 및 FSD
개발에 집중하는 것이 회사 미래에 더 낫다고 생각할 수도 있다.
하지만 옵티머스가 등장하게 된 배경과 옵티머스가 맡게 될 역
할을 제대로 알게 된다면 테슬라가 휴머노이드 로봇을 만드는
이유를 이해하는 수준을 넘어, 테슬라의 휴머노이드 로봇 개발이
필연적이라고 생각하게 될 것이다.

테슬라는 2021년 8월에 있었던 '테슬라 AI 데이 2021(Tesla AI
Day 2021)'에서 공식적으로 휴머노이드 로봇을 개발한다고 발표
했다. 이 행사는 행사 이름대로 테슬라의 AI 기술을 설명하는 자
리였다. 행사의 상당 부분을 테슬라가 어떤 방법으로 FSD 성능

을 높이고 있는지와 AI 훈련용 수퍼컴퓨터 클러스터 시스템인 도조의 구조와 성능을 설명하는 데 할애했다. 그러고 나서 행사가 거의 끝나갈 무렵 나중에 옵티머스로 불리게 될 '테슬라 봇(Tesla Bot)'이라는 휴머노이드 로봇의 디자인과 스펙을 공개했다. 휴머노이드 로봇 산업 진출을 별도의 행사에서가 아니라 AI 기술을 설명하는 행사에서 선언했다는 사실은 옵티머스가 도조 및 FSD와 밀접한 관계가 있다는 뜻이다. 즉, 테슬라에게 로봇 산업 진출은 기존 사업과 전혀 관련 없는 새로운 사업의 도전이 아니라 오히려 기존 사업의 자연스러운 확장이었다.

실제로 테슬라는 이날 테슬라 봇을 공개할 때 '우리의 차량 이후에 AI가 나아갈 다음 목표는?(What's next for AI beyond our vehicle fleet)'이라는 문구를 보여 주었다. 이는 테슬라가 단순히 자율주행 기술만을 위해 도조와 FSD에 막대한 돈을 투자한 게 아니라는 뜻이다. 테슬라 입장에서는 완전 자율주행에 필요한 AI 기술과 휴머노이드 로봇을 움직이는 데 필요한 AI 기술이 근본적으로 같으며, 자동차와 로봇이라는 형태만 다를 뿐이었다. 이는 마치 구글 딥마인드가 '알파고 리'를 뛰어넘는 바둑 AI '알파고 제로' 발표 이후 바둑, 체스, 일본식 장기인 쇼기까지 여러 보드 게임을 마스터한 '알파 제로'라는 AI를 선보인 것과 비슷하다.

일론 머스크는 테슬라 봇을 처음 공개할 때부터 이 휴머로이드 로봇의 특징을 명확하게 공개했다. 바로 '사람에게 친근하고(Friendly)', '사람을 위한(For Humans)' 로봇이다. 이렇게만 들으면

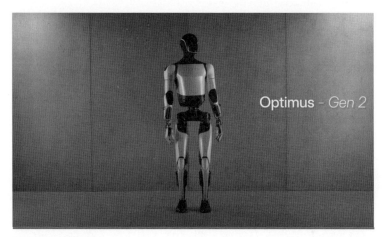

[그림 ⑨] 옵티머스 2세대

어떤 로봇인지 감이 잘 오지 않거나 '그렇지 않은 로봇도 있나?' 라고 반문할 수도 있다. 하지만 그동안 상용화된 로봇을 자세히 관찰하면 그다지 사람에게 친근하지도, 사람을 직접적으로 돕지도 않는다는 걸 알 수 있다. 기존의 로봇은 대부분 공장에서 쓰이며, 사람이 할 수 없었던 일을 하기 때문에 엄밀히 따지면 개인보다는 회사의 이익을 위해 만들어졌다. 또한 이런 로봇은 사람에게 친근하기는커녕 사람이 옆에 있다가 크게 다칠 수 있기 때문에 로봇이 있는 공장은 사람이 있는 공간과 로봇이 있는 공간을 철저히 분리하고 있다.

반면 테슬라는 기존에 사람이 하던 일 중에 위험하거나 반복적이며 지루한 일을 대신 해주기 위해 로봇을 개발하기 시작했다. 처음 공개한 테슬라 봇의 키와 무게가 성인의 평균 키와 몸 무게와 흡사한 이유도 사람의 일을 대신하기 위해서다. 또한 AI 기술로 사람과 지속적으로 의사소통할 수 있기 때문에 사람의 명령이나 이익에 반하여 행동하지 않는다.

테슬라는 휴머노이드 로봇 개발 발표 이후 지속적으로 발전된 시제품을 선보였다. 개발 발표 불과 1년 뒤인 2022년 10월 '테슬라 AI 데이 2022(Tesla AI Day 2022)'에서 FSD 기반 AI로 움직이는 첫 휴머노이드 로봇 시제품을 공개했다. 2023년 5월에는 사람의 행동을 학습한 뒤 이를 그대로 따라하는 영상을 공개했고, 12월에는 깔끔한 외관과 빨라진 걸음 걸이, 정교한 손놀림을 보여 주는 2세대 로봇을 선보였다. 명칭도 테슬라 봇에서 애니메이션 기반 영화 〈트랜스포머〉의 주인공인 옵티머스 프라임(Optimus Prime)에서 따온 코드명인 '옵티머스'를 정식 명칭으로 확정했다.

이처럼 전례가 없을 정도로 테슬라 옵티머스는 빠르게 발전했지만, 대중은 여전히 의문을 품고 있다. 다른 로봇 기업에서 만든 휴머노이드 로봇이 화려한 움직임을 보인 것에 비해 옵티머스는 여전히 느리고 평범한 움직임만 보여 주었기 때문이다. 사람들이 특히 비교 대상으로 삼는 기업은 2020년 10월에 현대자동차그룹이 인수한 로봇 기업 보스턴 다이내믹스다. 보스턴 다이내믹스는 뛰어가면서 장애물을 넘는 것은 물론, 백덤블링 등 어지간한 사람도 하기 힘든 동작을 해내는 '아틀라스(Atlas)'라는 로봇의 영상을 2016년부터 공개해 왔다.

그렇다면 상대적으로 후발 주자인 테슬라의 로봇 기술력은 보스턴 다이내믹스 같은 회사에 비해 부족한 것일까? 현대자동차 그룹에 인수되며 사람들에게 '가장 기술력이 뛰어난 로봇 회사'로 인식된 보스턴 다이내믹스의 실체를 먼저 확인해 보자.

보스턴 다이내믹스의 로봇 기술력은 월등히 뛰어나다?

  보스턴 다이내믹스가 만든 로봇의 특징 및 기술력에 대해서 이해하려면 먼저 보스턴 다이내믹스의 창립 과정과 역사를 알아야 한다. 보스턴 다이내믹스는 1992년 MIT 교수인 마크 레이버트가 창립한 스핀오프 회사다. 여기서 말하는 스핀오프란 공공 연구 기관이나 대학에서 개발한 기술의 라이센스를 받아 설립한 회사를 뜻한다. 이와 같은 회사 창립 과정에서 볼 수 있듯이, 보스턴 다이내믹스는 회사 창립 과정부터 이윤 추구, 상업화보다는 연구 개발에 더 큰 비중을 둔 회사였다. 초기에는 미국 정부로부터 여러 로봇 연구 프로젝트를 맡아 연구 개발만을 위한 여러 로봇을 만들었다. 2013년에 구글에 인수된 뒤에도 이러한 기조는 크게 바뀌지 않았다. 구글의 지원을 받아 로봇을 개발했지만, 정작 '돈 되는 일', 즉 상업용 로봇을 만드는 일에는 거의 관심이 없

[그림 ⑩] 보스턴 다이내믹스가 2019년에 공개한 아틀라스
유압 구동장치가 달린 이 구형 아틀라스는 물구나무를 선 뒤 앞으로 구르는 동작을 선보였다.

었다.

이런 보스턴 다이내믹스의 기업 문화, 기조를 알 수 있는 게 바로 앞에서 언급한 아틀라스, 정확히는 2024년에 리뉴얼 되기 전의 '구형 아틀라스'다. 이는 구형 아틀라스가 어떤 원리로 움직이는지를 보면 알 수 있다. 보스턴 다이내믹스도 공식적으로 이 아틀라스가 상품화를 목적으로 만든 로봇이 아니라 오로지 연구 개발을 목적으로 만든 로봇이라고 밝혔다.

구형 아틀라스에는 일반인도 하기 힘든 동작을 쉽게 할 수 있는 강력한 힘을 내기 위해서 각 관절에 소형 유압 구동장치가 들어가 있었다. 자동차에서도 제동처럼 큰 힘이 필요한 경우 유압을 활용할 정도로 유압은 큰 힘을 만드는 데 아주 유용하다. 구형 아틀라스 영상을 자세히 보면 굵은 관이 아틀라스 몸 곳곳에 보이는데 이는 구동장치에 유압을 공급하기 위해 연결한 파이프다. 하지만 이런 유압 구동장치는 단가가 매우 비싸며 고압의 유압 파이프가 파손될 위험이 있어 유지보수에도 매우 불리하다. 더구나 구형 아틀라스에 들어가는 각종 부품은 대부분 아틀라스 시제품만을 위해 따로 설계한 부품이라 대량생산을 염두에 두지 않았다. 한 마디로 처음부터 팔 생각이 없는 로봇을 오로지 기술 확보, 연구 개발 만을 위해 10년 동안 개발한 것이다.

결국 기술 개발에 돈을 아끼지 않기로 유명한 구글도 인내심이 한계에 달해 보스턴 다이내믹스에게 판매할 수 있는 로봇을 만들라고 압박했다. 보스턴 다이내믹스는 처음으로 판매를 염두에 두고 로봇을 개발하지만, 결국 로봇이 출시되기 전 2017년에 구글은 보스턴 다이내믹스를 손정의 회장의 소프트뱅크에 매각했다. 이와 같은 우여곡절 끝에 보스턴 다이내믹스는 2019년 처음으로 '스팟(SPOT)'이라는 로봇을 정식으로 판매하기 시작했다.

그런데 스팟은 아틀라스를 비롯해 이전까지 보스턴 다이내믹스가 개발했던 로봇과는 완전히 달랐다. 아틀라스와 달리 4족 보행 로봇이라 사람을 닮은 휴머노이드 로봇이라고 볼 수 없었고, 아틀라스에 장착되어 화려한 움직임을 보여 주는 데 크게 기여한 유압 구동장치도 없었다. 그동안 많은 시간과 돈을 들여 개발한 보스턴 다이내믹스만의 로봇 기술이 정작 판매용 로봇에는 거의 들어가지 못한 것이다.

[그림 ⑪] 보스턴 다이내믹스의 판매용 로봇 스팟

생김새에서 보듯이 스팟의 역할은 사람이 하던 일을 대신하는 것이 아니라 사람이 하기에 너무 위험한 일을 대신해 주는 것이다. 보스턴 다이내믹스 홈페이지에는 스팟이 의심스러운 물품 조사, 위험한 용의자와 교전, 무너져 내릴 수도 있는 건물에 들어가 추가 부상자 수색 등을 할 수 있다고 홍보하고 있다. 하지만 이런 한정된 역할로는 회사를 흑자로 돌릴 만한 유의미한 수요를 만들어 낼 수 없었고, 7만 4,500달러(약 1억 400만 원)부터 시작하는 비싼 가격도 발목을 잡았다. 결국 적자를 감당하지 못한 소프트뱅크는 2020년 보스턴 다이내믹스를 현대자동차그룹에 매각했다. 현대자동차그룹이 인수한 이후에도 보스턴 다이내믹스의 적자 폭은 오히려 증가해 2023년에는 매출(910억 원)의 3배가 넘는 3,348억 원의 순손실을 기록했다. 기업의 존재 목적이 이윤 창출이라는 점을 생각하면, 설립 이후로 30년이 넘도록 적자만 기록한 보스턴 다이내믹스는 근본적인 연구 개발 방향, 경영 전략이 잘못되었다고 볼 수밖에 없다.

결국 2024년 4월, 보스턴 다이내믹스는 유압 장치로 작동하는 구형 아틀라스의 개발을 종료하겠다고 선언했다. 그리고 유압 장치를 전혀 사용하지 않고 전기로만 작동하는 신형 아틀라스를 발표했다. 생김새도 구형 아틀라스보다는 테슬라 옵티머스와 비슷해졌고, AI를 이용해 움직인다는 점, 상용화를 목표로 개발한다는 점 역

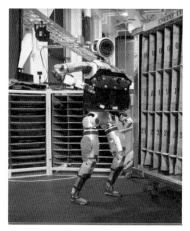

[그림 ㉒] 보스턴 다이내믹스의 최신형 아틀라스
생김새가 구형 아틀라스보다 테슬라 옵티머스에 훨씬 더 가깝다.

시 테슬라 옵티머스와 유사하다. 즉, 보스턴 다이내믹스는 그동안의 로봇 개발 방향이 잘못되었다는 걸 뒤늦게 인정하고 테슬라와 같은 로봇 개발 방향으로 선회해 뒤따르게 된 것이다.

그렇다면 보스턴 다이내믹스나 다른 로봇 회사가 만든 휴머노이드 로봇 대비 테슬라 옵티머스만이 가진 장점은 무엇일까?

테슬라 옵티머스의 특징

앞에서 잠깐 언급했듯이, 테슬라 옵티머스는 처음 개발할 때부터 보스턴 다이내믹스의 아틀라스와는 아예 다른 방향으로 개발이 진행되었다. 옵티머스는 개발 초기부터 유압 구동 장치를 전혀 사용하지 않고, 전기 신호를 받아 특정 방향으로만 움직이는 모터인 전동 액추에이터를 관절에 탑재했다. 전동 액추에이터는 유압 장치 대비 힘의 지속력이 높고 효율적이며, 정교한 컨트롤이 가능하다. 힘은 유압 장치보다 약하지만, 인간의 힘보다는 충분히 강하다.

무엇보다 아틀라스와 달리 옵티머스의 핵심 부품은 모두 대량생산을 고려해 설계되었다. 예를 들어, 손가락과 무릎 관절의 액추에이터는 테슬라 전기자동차에서 쓰던 기존 부품을 개조했으며, 반도체 칩 역시 전기자동차에 썼던 것을 그대로 활용했다. 무엇보다 옵티머스가 시각 정보만을 이용해 길을 찾는 AI는 FSD를 기반으로 재설계했다. 이러한 테슬라의 전략은 로봇의 대량생산에 용이할 뿐만 아니라, 기존 사업에서 썼던 부품, AI를 공유함으로써 개발 및 생산 비용을 크게 낮출 수 있다. 그리고 이러한 전략은 이미 전기자동차를 대량으로 생산할 수 있는 라인과 AI 훈련을 위한 수퍼컴퓨터 클러스터 시스템을 가지고 있는 테슬라만 추진할 수 있다. 테슬라는 자율주행이 가능한 전기자동차와 AI를 이용해 인간의 일을 대신하는 휴머노이드 로봇의 개발 및 생산이 근본적으로 같다는 것을 증명하고 있다.

또한 사람처럼 생기고, 사람처럼 생각하며, 사람처럼 행동하는 AI 기반 휴머노이드 로봇은 '투입 비용'도 거의 들지 않는다. 그동안 만든 로봇들은 로봇 자체의 생산 비용 외에도 투입 비용을 고려해야 했다. 예를 들어, 사람이 필요없는 로봇 기반 물류 센터를 만들기 위해서는 사람이 투입된 기존 물류 센터를 활용할 수 없다. 물건을 이동하고 분류하는 전용 로봇뿐만 아니라 그 로봇이 움직이는 길, 수많은 로봇을 제어하는 시스템까지 따로 만들어야 한다. 반면 AI 기반 휴머노이드 로봇은 추가 투입 비용 없이 기존 물류 센터에 그대로 투입될 수 있다. 사람이 쓰던 지게차를 그대로 써서 짐을 옮길 수 있고, 사람과 로봇이 같은 공간에서 일할 수도 있다. 이처럼 투입 비용까지 생각하면 AI 기반 휴머노이드 로봇을 사용하는 비용이 가장 저렴하다.

그렇다면 어떻게 사람처럼 생각하며, 사람처럼 행동하는 휴머

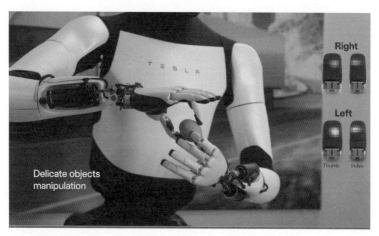

[그림 ⑬] 테슬라 옵티머스 2세대가 날계란을 만지는 모습

[그림 ⑭] 보스턴 다이내믹스가 2023년에 공개한 아틀라스

노이드 로봇을 구현할 수 있을까? 앞서 살펴봤듯이, 자율주행 기술이 실질적으로 쓰이려면 이미 사람만 고려해 만들어진 도로 교통 체계를 온전히 이해하고 사람처럼 시각 정보만으로 판단할 수 있어야 한다. 마찬가지로, 휴머노이드 로봇이 실질적으로 쓰이려면 이미 사람만 고려해 만들어진 노동 환경을 온전히 이해하고 사람처럼 시각 정보만으로 판단할 수 있어야 한다. 테슬라가 다른 기업과 달리 오로지 시각 정보만으로 자율주행 기술인 FSD를 완성하려는 이유가 바로 이 FSD를 옵티머스에 활용하기 위해서다. 여기에 휴머노이드 로봇은 한 가지 조건이 더 추가되는데, 바로 사람처럼 여러 근육과 관절, 특히 손가락 근육과 관절을 빠르고 정교하게 움직일 수 있어야 한다. 인간이 만물의 영장이 된 것은 압도적인 힘이나 빠른 움직임이 아닌, 손가락을 정교하게 이용해 도구를 만들었기 때문이다. 그리고 테슬라 옵티머스는 지금까지 나온 어떤 휴머노이드 로봇보다도 손가락을 정교하게 움직여 그동안 사람만 가능했던 행동을 선보이고 있다.

테슬라는 이미 2023년 12월에 공개한 옵티머스 2세대에서 사람의 손처럼 다섯 손가락으로 구성된 손으로 날계란이 깨지지 않게 들어 올리는 영상을 공개했다. 인간은 조금만 주의를 기울이면 날계란을 쉽게 들 수 있지만, 이는 로봇에게 결코 쉬운 일이 아니다. 날계란은 너무 약하게 잡으면 떨어지고 너무 세게 잡으면 깨지기 때문에, 계란을 잡는 순간 적당한 힘의 크기를 파악하고 일정 범위 내에서 그 힘을 유지해야 한다. 더구나 계란은 구처럼 모양이 대칭 형태도 아니고, 각 계란마다 모양과 무게도 전부 다르며, 매번 잡는 부위가 달라지기 때문에 이를 매 순간 인식하면서 미세하게 힘을 조절해야 한다. 이런 이유로 사람 대신 용접하는 로봇은 있었어도, 사람 대신 계란 후라이를 해 주는 로봇은 없었다.

아틀라스의 손과 비교하면, 테슬라가 사람처럼 정교한 로봇 손을 만드는 데 얼마나 많은 노력을 들였는지 알 수 있다. 또한 테슬라의 기술력이 보스턴 다이내믹스를 앞섰다는 것도 볼 수 있다. 구형 아틀라스는 첫 영상을 선보인 뒤로 한동안 아예 손가락이 없었다. 대부분의 사람이 할 수 없는 물구나무를 섰다가 앞구르기를 하며 백덤블링까지 할 수 있었지만, 정작 사람이라면 쉽게 할 수 있는, 손으로 물건을 집어 드는 동작은 할 수 없었다. 2023년이 되어서야 구형 아틀라스는 처음으로 집게 같은 손이 생겨서 크고 단단한 물건을 떨어뜨리지 않고 잡을 수 있을 정도가 되었다. 2024년에 공개한 신형 아틀라스 역시 손가락이 3개이며 여전히 옵티머스처럼 정교한 손놀림은 보여 주지 못했다. 로봇 스타트업 피규어가 2024년에 공개한 휴머노이드 로봇 시제품은 손가락이 5개이며, 사과나 플라스틱 컵을 드는 등 신형 아틀라스보다 뛰어난 손놀림을 보여 주었다. 하지만 이 역시 옵티머스처럼 부서지기 쉬운 물건을 안정적으로 들어 올리는 모습을 선보이지는 못했다.

테슬라는 여기서 만족하지 않고 옵티머스의 손을 사람의 손과

[그림 ⑮] 2024년 10월 '우리, 로봇' 행사에서 공개한 차세대 옵티머스 손 모형

더 비슷하게 움직일 수 있도록 진화시키고 있다. 로봇의 손이 얼마나 사람의 손처럼 움직일 수 있는지 가장 쉽게 판별하는 방법은 바로 자유도(DoF, Degree of Freedom)를 확인하는 것이다. 자유도란 관절에서 허용되는 독립적인 움직임 방향의 가짓수를 말한다. 한 관절의 최대 자유도는 6이며 사람의 한 손에 있는 모든 관절의 자유도는 27이다. 따라서 로봇의 손 자유도가 27에 가까워질수록 사람의 손이 움직이는 동작을 더 비슷하게 따라할 수 있다. 실제로 아직까지는 딱딱하고 상대적으로 큰 물건만 잡을 수 있는 대다수 휴머노이드 로봇의 손 자유도가 한 자릿수인 반면, 날계란을 안정적으로 들었던 옵티머스 2세대의 손 자유도는 11이었다. 일론 머스크는 2024년 말까지 옵티머스의 손 자유도를 22로 올리겠다고 밝혔고, 2024년 10월 사람의 손처럼 움직이는 자유도 22의 손 모형을 사이버캡, 로보밴 등과 함께 공개했다.

오직 테슬라만 휴머노이드 로봇을 이용해 돈을 벌 수 있는 이유

보스턴 다이내믹스와 피규어의 예에서 보듯이, 테슬라가 옵티머스를 개발한 이후로 다른 로봇 회사들이 만든 휴머노이드 로봇의 생김새와 작동 방식은 점점 옵티머스와 비슷해지고 있다. 이는 사람처럼 생기고, 사람처럼 움직이며, 사람처럼 판단하는 로봇이 제일 수요가 클 것이라는 테슬라의 예상이 맞았다는 강력한 증거이다. 이러한 AI 기반 휴머노이드 로봇의 발전은 향후에 단순히 휴머노이드 로봇 시장이라는 새로운 시장을 여는 것을 넘어서, 노동의 종말에 가까운 노동 혁명을 가져다줄 것이다. 따라서 만약 상업적으로 휴머노이드 로봇이 판매되어 사람의 노동을 조금이라도 대체하기 시작하면, 지금보다 훨씬 많은 기업들이 휴머노이드 로봇 개발에 뛰어들 것이다.

그렇다면 테슬라가 과연 휴머노이드 로봇 시장에서 지금의 전기자동차, 자율주행처럼 다른 회사보다 월등한 격차로 앞서갈 수 있을까? 나는 단순히 테슬라가 휴머노이드 로봇 시장에서 앞서는 것을 넘어 오직 테슬라만이 휴머노이드 로봇으로 대량생산 및 이익 창출이 가능할 것이라고 생각한다. 이에 대한 근거는 책 앞에서 언급했던 테슬라라는 기업의 정체성, 테슬라 전기자동차만의 특성, FSD만이 가지는 특성과 아주 밀접한 연관이 있다.

앞서 언급했듯이, 테슬라는 FSD를 기반으로 옵티머스에 들어가는 AI를 개발하기 때문에 옵티머스 개발 비용을 절약하고 있다. 또한 전기자동차에서 쓰이는 부품을 최대한 활용하므로 옵티머스를 양산할 때 '규모의 경제' 원리에 따라 부품을 저렴하게 공급받을 수 있다. 거기다가 테슬라는 여타 로봇 회사와 다르게 전기자동차 양산 기술과 공급망 관리 능력을 확보했다. 더구나 앞에서 설명했듯이 FSD가 장착된 전기자동차와 AI가 탑재된 옵티머스는 형태만 다를 뿐, 작동 원리와 생산 과정이 기본적으로 비슷하다. 따라서 테슬라는 다른 어떤 회사보다 합리적인 가격으로 AI 기반의 휴머노이드 로봇을 대량생산할 수 있는 기반을 갖추었다.

일론 머스크는 2024년 2분기 실적발표에서 2025년부터 옵티머스 생산을 시작하고 2026년부터 대량생산 및 판매를 시작할 것이라고 밝혔다. 현재까지 휴머노이드 로봇을 개발하는 회사에서 양산 및 판매 시점을 명시한 기업은 테슬라가 유일하다. 그런데 테슬라에게는 외부에 판매가 가능할 정도로 옵티머스의 완성도가 높거나 가격이 저렴하지 않아도 정식 판매 전에 옵티머스를 투입할 수 있는 곳이 있다. 바로 '테슬라 공장'이다. 테슬라 공장은 그 자체로 옵티머스 개발을 위한 완벽한 테스트베드가 된다. 즉, 개발 중인 옵티머스를 후에 실제로 쓰일 만한 곳에 미리 투입함으로써 이전까지 알지 못했던 문제를 발견해 고칠 수도 있고, AI 훈련에 필요한 데이터를 쌓아 AI 성능을 높일 수도 있다. 실제로 이미 테슬라의 시설 중 한 곳에서 옵티머스가 자율적인 작업을 수행하기 시작했다.

하지만 옵티머스를 테슬라 공장에서 먼저 사용함으로써 창출되는 이익은 이 정도로 끝나지 않는다. 테슬라는 옵티머스를 테슬라 공장에 투입하여 인건비를 비롯해 기타 부대 비용을 획기적으로 줄일 수 있다. 범용적으로 쓰일 판매용 옵티머스와 달리 테슬라 공장에 투입되는 옵티머스는 테슬라가 원하는 특정 공정에만 참여할 수 있더라도 바로 사용할 수 있다. 이는 어떤 도로나 상황에서도 인간을 훨씬 뛰어넘는 운전 실력을 갖춘 FSD보다 상황을 제어할 수 있는 한정된 공간에서 평범한 운전 실력을 갖춘 자율주행 AI를 구현하기 쉬운 것과 같다. 따라서, 만약 옵티머스가 공장에서 일하는 노동자를 조금이라도 대신하는 순간, 전기자동차를 비롯한 모든 테슬라 제품에서 다른 회사는 가질 수 없는 가격 경쟁력이 발생한다. 이것이 다른 회사가 아닌 테슬라가 휴머노이드 로봇을 개발하는 것이 무서운 이유이자, 테슬라만이 유일하게 휴머노이드 로봇으로 이익을 낼 수 있는 회사인 이유다.

구체적으로 얼마나 비용이 절감될지 계산해 보자. 미국 자동차 생산 공장에서 일하는 노동자의 평균 연봉은 약 8만 6,000달러로 1억 원이 훌쩍 넘는다. 뿐만 아니라 여기에 퇴직금과 의료 보험 같은, 급여 외 복지 비용도 존재한다. 또한 노동자를 위한 식당이나 편의 시설을 짓고 유지하는 데도 막대한 비용이 들어간다. 반면 옵티머스에 들어가는 비용은 구매 비용을 제외하면 전기 요금 및 옵티머스 유지 보수 비용뿐이다. 거기에 미국 노동자들은 1년, 즉 8,760시간 중에 오직 1,892시간만 일하는 반면, 옵티머스는 충전 시간과 수리받는 시간만 제외하면 쉬지 않고 일정한 속도로 일할 수 있다. 따라서 설령 옵티머스의 일하는 속도가 노동자의 25%에 불과하더라도, 연간 8,000시간 이상 일을 할 경우 노동자보다 더 많은 일을 할 수 있다.

일론 머스크는 옵티머스가 대량생산된다는 전제하에 판매가가 약 2~3만 달러(약 2,800만~4,200만 원)가 될 것이라고 밝혔다. 테슬라 공장에 투입되는 옵티머스 시제품은 대량생산으로 만들어지지 않으므로 생산 비용으로 한 대당 예상 판매가의 5~7배인 약 2억 원이 든다고 가정하자. 그리고 테슬라 공장 노동자에게 회사가 1년간 써야 하는 총비용(급여, 퇴직금, 복지, 편의 시설 유지 비용 등) 역시 약 2억 원이라고 가정하자. 만약 회사가 노동자 대신 노동자의 25% 속도로 일할 수 있는 옵티머스를 투입하면, 약 1년 뒤부터 매년 약 2억 원에 가까운 돈을 절감할 수 있다. 설령 옵티머스의 일하는 속도가 더 느리거나, AI 기술이 부족해 2대가 있어야 노동자 한 명을 대신할 수 있다고 해도 약 2년이면 비용을 회수할 수 있다. 더구나 여기에는 집중력 저하로 인한 작업 실수나 파업 등 '인간의 불확실성'으로 인해 발생할 수 있는 잠재적 비용은 제외했다.

따라서 일단 테슬라 공장에서 옵티머스가 노동자를 조금씩 대체하기 시작하면, 불과 1~2년이 지난 시점부터 테슬라 전기자동차 생산 비용이 줄어든다. 그리고 시간이 지날수록 옵티머스 생산 비용은 감소하고 일하는 능력은 올라가기 때문에 노동자를 대체하는 옵티머스의 비율도 올라가면서 인건비 절감 효과가 기하급수적으로 커진다. 따라서 테슬라는 지금보다 전기자동차 판매 가격을 낮추면서도 영업이익률을 올릴 수 있을 정도로 생산 비용을 크게 낮출 수 있다. 이는 지금도 전기자동차를 판매해 이익을 거의 보지 못하는 기존 자동차 기업들에게 사실상 사망 선고와 같다. 테슬라 옵티머스는 그 자체로 거대한 하나의 사업이면서 동시에 다른 부문의 비용까지 줄여 주는 일석이조의 역할을 할 것이다.

다른 로봇 회사 역시 기존 자동차 기업과 손잡고 테슬라와 비슷한 전략을 펼치고 있다. BMW는 위에 언급한 피규어를 미국 공장에, 벤츠는 또 다른 로봇 스타트업인 앱트로닉(Apptronik)이 만든 '아폴로(Apollo)'라는 로봇을 헝가리 공장에 투입해 테스트하고 있다. 보스턴 다이내믹스 역시 신형 아틀라스를 모회사인 현대자동차 생산 공장에 투입할 예정이라고 밝혔다. 하지만 이들은 테슬라와 달리 한 회사 안에서 같은 생태계를 공유하며 개발하고 있지 않기 때문에 테슬라처럼 로봇 사업과 전기자동차 사업 양쪽에서 제대로 시너지 효과를 내기 어렵다. 이는 마치 전기자동차와 수퍼차저를 같이 만들어 시너지 효과를 내는 테슬라와 달리, 여러 자동차 기업들이 모여 시작한 충전 네트워크 사업은 각 회사의 이해관계 충돌 때문에 속도가 나지 않는 것과 같다. 더구나 테슬라와 달리 나머지 로봇 회사들은 자체적으로 수익을 내지 못하고 상장 혹은 모회사나 다른 대기업의 투자에 개발 비용을 의지하고 있어 개발 지속 가능성에도 불안 요소가 있다.

테슬라가 옵티머스로 얻을 수 있는 부가가치는 여기서 끝나지 않는다. 앞서 말했듯이 테슬라는 기존 자동차 기업이 수퍼차저를 이용하는 조건으로 그들이 만드는 자동차의 배터리, 충전 시스템, 자동차 플랫폼 설계 등에 전방위적으로 관여할 명분이 생긴다. 마찬가지로 테슬라는 기존 자동차 기업이 FSD를 이용하는 조건으로 카메라 센서, AI 컴퓨터 시스템, 차량 제어 소프트웨어를 비롯해 차량 설계 전반에 관여하게 될 것이다. 여기에 테슬라는 다른 휴머노이드 로봇보다 더 뛰어난 AI, 대량생산으로 인한 더 저렴한 가격과 대량 공급을 앞세워 기존 자동차 기업들에게 옵티머스를 판매할 수 있다. 이렇게 되면 기존 자동차 기업은 테슬라가 제공한 옵티머스를 이용해 테슬라의 요구 조건에 맞춰 수퍼차저와 FSD를 이용할 수 있는 전기자동차를 생산하게 된다. 다시 말해, 기존 자동차 기업들은 테슬라 로고만 없을 뿐 사실상 유사 테슬라 전기자동차를 생산하는 또 다른 테슬라 공장이 되는 것이다.

만약 이런 상황이 되면 기존 자동차 기업들은 왜 자동차를 직접 생산해야 하는지 근본적인 의문이 생길 것이다. 따라서 테슬라는 옵티머스 기반 스마트 공장을 만들어 저렴한 비용으로 기존 자동차 기업들의 자동차를 위탁받아 생산하는 스마트 공장 사업을 펼칠 수 있다. 고객이 된 기존 자동차 기업들이 차량 디자인 및 원하는 스펙을 테슬라에게 알려 주면, 테슬라는 이를 반영하고 FSD, 수퍼차저 등 테슬라 생태계를 이용할 수 있는 차량을 생산하는 것이다. 여기에 테슬라 로고가 아니라 고객의 브랜드 로고를 붙인 후 고객에게 넘기면, 고객은 그 차량을 홍보하고 소비자에게 판매하는 것이다. 이처럼 주문자에게 제품 설계 및 생산까지 모두 위탁받고 주문자는 브랜드 홍보 및 제품 판매만 담당하는 생산방식을 ODM(제조업자개발생산, Original Development Manufacturing)이라고 한다. ODM은 다른 산업에서 이미 널리 사용되는 생산방식인데, 고객사가 화장품 제형, 컨셉, 기능 등만 고르면 알아서 화장품 개발 및 생산까지 해 주는 한국콜마가 대표적인 ODM 기업이다.

앞으로 ODM 방식으로 자동차가 생산될 수 있다는 건 나의 개인적인 상상이 아니다. 이미 애플의 아이폰을 위탁 생산하는 폭스콘의 자회사 폭스트론은 ODM 방식으로 고객의 요구에 맞게 전기자동차를 생산하겠다고 발표했다. 이를 위해 차량을 모듈화하여 각 모듈을 조합하는 방식으로 다양한 고객의 요구에 대응하겠다고 밝혔다. 따라서 앞으로는 기존 자동차 기업뿐만 아니라 자동차를 생산해 본 적 없는 다른 분야의 기업도 ODM 방식을 이용해 자신만의 전기자동차를 팔 수 있게 된다. 그리고 나는 자동차 ODM 시장에서도 테슬라가 폭스트론을 비롯해 다른 회사들을 압도할 것이라고 확신한다. 테슬라는 압도적인 자동차 생산 능력, 충전 네트워크, 자율주행 기술, 휴머노이드 로봇 기술 등 자동차 ODM을 위해 필요한 모든 능력을 갖춘 유일한 기업이기 때문이다.

부록:
나의 주식 투자 원칙

나는 2019년에 테슬라 주식을 처음으로 매수한 이후 지금까지 명확하게 매도할 이유가 없었기에 단 한 번도 매도하지 않았다. 테슬라 주가의 역사를 보면 알겠지만, 처음에 투자한 테슬라 주식의 수익률은 2024년 10월 1,000%가 훌쩍 넘었다. 물론 초기 투자금이 많지 않았고, 여유 자금이 생길 때마다 테슬라 주식을 추가로 매수했기 때문에 전체 수익률은 이렇게 높지 않다. 하지만 테슬라에 처음 투자하고 지금까지 폭풍같은 테슬라 주가 변동을 겪으면서도 수익률이 마이너스를 기록한 적이 없었다.

나는 테슬라에 투자하면서 테슬라뿐만 아니라 '투자'에 대해서도 열심히 공부했다. 그렇게 만들어진 나만의 투자 원칙을 확립하고 이를 적용해 테슬라 외에도 몇몇 기업에 투자해 괜찮은 수익률을 올리고 있다. 주식 평가 금액 중 테슬라의 비중이 가장 높지만, 테슬라에 올인하지 않은 이유 역시 내 투자 원칙 때문이다. 부록에서는 내가 어떤 투자 원칙을 가지고 있는지, 그리고 어떻게 그런 투자 원칙을 가지게 되었는지와 이를 바탕으로 실제로 어떤 기업에, 어떻게 투자했는지 공유하고자 한다. 테슬라 투자뿐만 아니라 모든 주식 투자에 적용할 수 있으므로 다른 기업에 투자를 고민할 때 이 부록을 한 번 더 읽기를 추천한다.

투자는 누구에게 배워야 하는가?

　만약 돈과 시간의 제약 없이 어떤 기술을 누구에게든 배울 수 있다면, 아마 대부분 그 분야에 오랫동안 있으면서 분명한 성과로 실력을 증명한 사람에게 배우려고 할 것이다. 나는 이게 얼마나 중요한 지 비싼 값을 치르고 배웠다.

　나는 수능을 위해 학원을 다녀보라는 어머니의 권유를 무시하고 내 스타일대로 수능을 준비했다가 완전히 망했었다. 그로부터 9년 뒤, 수능을 100일 남겨 두고 다시 도전했던 때에는 같은 실수를 반복하지 않았다. 어머니의 말씀대로 학원에 등록했고, 각 과목별로 제일 유명하다는 강사들의 강의를 들으며 그들을 따라 공부했다. 서울 소재 대학의 자동차 공학과에 합격할 수 있었던 데에는 9년 전 어머니의 조언을 따른 게 분명 도움이 되었다. 이런 경험이 있기에 나는 오랜 기간 객관적인 자료로 증명할 수 있는 성과를 거둔 '검증된 전문가'에게 배우는 게 얼마나 중요한지 잘 안다. 1타 강사는 오랜 기간 수많은 학생을 가르치면서 성적 향상이라는 객관적 자료로 성과를 입증했기 때문에 검증된 전문 가라고 할 수 있다. 그렇기 때문에 1타 강사를 찾는 수험생이 많은 것이다. 그러나 1타 강사의 강의를 들어 좋은 수능 성적을 받고 남들이 부러워할 만한 대학을 졸업해도, 정작 자신이 공부했던 전공을 살려서 일하는 사람은 많지 않다.

반면 투자는 나이, 직업, 성별에 상관없이 누구나 해야 하고, 하는 시대다. 따라서 누구에게 투자를 배우느냐는 누구에게 수능 과목을 배우느냐보다 삶에서 훨씬 큰 영향을 끼친다. 하지만 정말 놀랍게도, 수능 과목 공부를 위해서는 검증된 1타 강사만 찾는 사람들이 정작 수능보다 더 인생을 좌지우지할 수 있는 투자를 배울 때는 완전히 다르게 행동한다. 대부분 사람은 자기만큼 투자에 대해 제대로 모르는 지인의 말이나, 오랜 기간 확실하게 검증이 되지 않은 자칭 투자 전문가라는 사람들의 조언을 듣고 피땀 흘려 번 돈을 쏟아붓는다.

나는 테슬라의 가능성을 보고 주식 투자를 시작하기로 결심했을 때, 누구에게 투자를 배워야 하는지를 먼저 결정해야 한다고 생각했다. 그리고 수능 과목 공부를 위해 1타 강사를 찾듯이, 나는 오랜 기간 수익을 내면서 주식 시장에 살아남은 검증된 투자 전문가, 일명 '투자의 대가'를 찾아보았다. 그리고 그들이 직접 쓴 책을 읽고 그들의 투자 원칙을 내 투자 원칙으로 삼으려고 노력했다. 그리고 그 노력은 지금도 계속하고 있다.

다음은 내가 투자를 시작할 때부터 지금까지 투자 원칙을 배운 투자의 대가들이다. 이들이 쓴 책은 최소 한 권 이상씩 읽었다.

- 워런 버핏(주주 서한을 제외하고 직접 책을 쓴 적은 없다)
- 벤저민 그레이엄, 《현명한 투자자》
- 피터 린치, 《전설로 떠나는 월가의 영웅》
- 필립 피셔, 《위대한 기업에 투자하라》
- 켄 피셔, 《주식시장의 17가지 미신》
- 하워드 막스, 《투자에 대한 생각》
- 레이 달리오, 《원칙》
- 앙드레 코스톨라니, 《돈, 뜨겁게 사랑하고 차갑게 다루어라》

내가 보고 배울 투자의 대가를 결정할 때 가장 중요하게 생각했던 기준은 '얼마나 높은 수익률을 기록했는가'가 아니라 '얼마나 주식 시장에서 오래 살아남았는가'였다. 운이나 시기를 잘 만난 덕분에 1년, 길면 몇 년 동안 높은 수익률을 기록하다가 돈을 전부 잃고 시장에서 사라진 사람은 셀 수 없이 많다. 하지만 만약 수십 년 동안 주식시장에서 살아남았다면, 그건 그 사람만의 투자 원칙이 객관적으로 입증된 것이라고 생각했다. 또한 시간이 가져다 주는 복리 효과 때문에 연간 수익률이 낮더라도 주식 시장에 오래 살아남기만 한다면 엄청난 부를 쌓을 수 있다는 걸 알고 있었기에 단기적 수익률은 전혀 신경 쓰지 않았다. 실제로 나는 앞에 언급한 투자의 대가들이 매년 얼마의 수익률을 달성했는지 알지 못하고 그들도 그걸 중요하게 생각하지 않았다. 하지만 저들 모두 수십 년 동안 주식시장에서 살아남았고, 모두 상상도 못할 부를 달성했다.

이들이 투자한 시대, 투자한 기업, 구체적인 투자 방법은 모두 조금씩 달랐다. 하지만 큰 틀에서 이들의 투자 원칙은 비슷했다. 바로 '경쟁력 있는 기업을 남보다 먼저 알아보고 미리 산 뒤에, 그 경쟁력이 다 할 때까지 가지고 있는 투자'였다. 내가 테슬라 주식을 오랫동안 보유하고 있는 이유도, 테슬라에 대해 열심히 공부한 이유도, 투자의 대가들의 알려 준 이 투자 원칙을 무식할 정도로 철저히 지켰기 때문이다. 그리고 내가 지금까지 주식 시장에서 얻은 성과를 볼 때, 투자 대가들을 통해 배운 이 투자 원칙이 틀리지 않았음을 증명한다고 생각한다.

수능 성적보다 투자 결과가 인생에 훨씬 크고 오랫동안 영향을 미친다면, 수험생 때 수능 강사를 고를 때보다 투자 원칙을 배울 투자의 대가를 찾는 데 더 많은 공을 들여야 한다. 하지만 정작 대부분의 투자자는 투자를 공부하겠다면서 아주 짧은 기간, 그것도 성공한 투자 성과만 떼어 내 내세우는 자칭 투자 전문가들의 비싼 유료 강의를 구매한다. 정작 이런 사람들의 주 수입원은 투자 수익이 아니라 투자자들이 가져다준 강의료다. 반면 오랜 기간 주식 시장에 살아남으며 천문학적인 부를 쌓은 투자의 대가들은 돈을 목적으로 유료 강의를 만들 이유가 없다. 책을 쓴 이유도 그저 자신이 배운 지식과 지혜를 남기기 위해서다. 따라서 투자의 대가들이 쓴 책을 구매해 읽으면서 투자를 공부하는 방법은 자칭 투자 전문가의 유료 강의 수강료는 물론 수능 1타 강사의 강의 수강료보다도 저렴하다. 그러니 자신과 결이 맞으면서 오랫동안 시장에서 살아남은 투자의 대가를 찾아 그가 쓴 책과 영상을 섭렵해 그의 생각을 온전히 이해하고 이를 기반으로 자신만의 투자 원칙을 세워라. 나는 아직까지 이보다 저렴하고, 효율적이며, 효과적인 투자 공부를 보지 못했다.

어디서부터 투자해야 하는가?

  투자를 시작하는 사람들에게 '어디에 투자하려고 하느냐?'라고 물어보면 대다수가 '지금 제일 잘 나가는 기업' 혹은 '가장 투자 수익이 많이 날 것 같은 기업'이라고 답한다. 이렇게 생각하는 이유는 앞에서 설명했듯이 대다수 투자자가 투자 성공의 기준을 '주식 시장에서 살아남은 기간'이 아닌 '단기적 수익률'에 두기 때문이다. 하지만 이는 매우 잘못된 접근이다.

  살아있는 전설로 불리는 워런 버핏은 구글에 투자하지 않아서 큰돈을 벌 기회를 놓쳤다는 점을 인정했다. 2004년에 구글이 나스닥에 상장할 때 워런 버핏은 구글에 투자할 기회가 있었지만 하지 않았고, 구글의 시가 총액은 이후 20년 동안 약 60배가 올랐다. 하지만 워런 버핏은 자신의 결정을 후회하지 않았다. 왜냐하면 '내가 이해하지 못하는 비즈니스에는 절대 투자하지 않는다'는 자신의 투자 원칙을 지켰기 때문이다. 그는 구글이 상장할 때 이 회사가 어떻게 경쟁사들 대비 이익 및 지속 가능성에서 경쟁 우위를 만들어 낼 수 있을지 이해하지 못했다고 말했다. 그는 구글이라는 좋은 기업에 투자할 기회를 놓쳤지만, 자신의 투자 원칙을 지킴으로써 지난 20여 년간 자신의 자산을 무려 약 730억 달러(약 102조 원)나 늘렸다.

반면 앞으로 주가가 많이 오를 것 같다는 이유만으로 자신이 잘 알지도 못하는 분야, 뭘 팔아서 돈을 버는지 정확히 이해하지 못하는 기업에 투자했다가 큰 손실을 보는 사람들이 많다. 놀라운 건 자신이 투자한 기업의 주가가 자신이 기대한 대로 장기적으로 크게 올라도 정작 자신은 수익을 거의 올리지 못하거나 오히려 손해를 보는 경우가 많다는 점이다. 이는 테슬라 투자자들만 봐도 알 수 있다. 2019년 10월부터 2024년 10월까지 테슬라의 주가는 10배 이상 올랐다. 놀라운 점은, 이 5년의 기간 동안 팔지 않고 그대로 둬서 10배의 수익률을 얻은 사람보다 수익은 커녕 손해를 본 투자자가 훨씬 많다는 점이다.

테슬라에 투자하면서 손해를 본 사람들은 대부분 테슬라의 주력 사업인 자동차, 에너지, 자율주행 기술, 휴머노이드 로봇에 대해 공부하기는커녕 관심조차 없었다. 그러다가 테슬라와 관련된 좋은 뉴스가 나오거나, 소셜 미디어에 누가 테슬라 투자로 돈을 많이 벌었다는 소식을 접하면 깊이 고민하지도 않고 바로 테슬라 주식을 구매한다. 왜 테슬라가 유망한지, 어떻게 테슬라가 돈을 벌지 전혀 이해하지 못한 상태이므로, 테슬라 주가가 조금만 요동치거나 테슬라에 대한 뉴스 하나만 나와도 흔들릴 수밖에 없다. 그래서 이렇게 테슬라 투자를 시작한 투자자들은 대부분 불안감 때문에 오래 보유하지 못하고 손실을 보거나, 약간의 이익만 보고 도망치듯 주식을 팔아버린다. 이익을 낸 경우에도 수익률이 너무 낮고, 본인조차 어떻게 이익을 냈는지 알지 못하기 때문에 같은 방법으로 지속적인 수익을 낸다는 보장이 없다. 이런 방식으로는 부를 쌓기는커녕 이익보다 손실이 커져 얼마 지나지 않아 주식 시장을 떠날 확률이 높다.

워런 버핏의 투자 원칙을 온전히 이해하고 내가 어떤 인생을 살아왔는지 안다면, 이제는 내가 왜 첫 주식 투자 종목으로 테슬라를 선택했는지 쉽게 이해할 것이다. 나는 어렸을 때부터 자동차를 좋아했고, 자동차 공학을 전공했으며, 자동차 부품 회사에서 일을 했다. 미국에서는 배터리와 관련된 화학 공학을 공부했다. 내가 테슬라에 투자한 이유는 테슬라가 모든 분야, 상장 기업을 통틀어서 가장 높은 수익률을 안겨 줄 거라고 기대해서가 아니다. 그저 내가 잘 아는 분야, 관심 있는 분야에서 제일 경쟁력이 높은 기업이라고 생각했기 때문에 투자한 것이다.

내가 테슬라 외에 투자할 다른 기업을 찾을 때도 워런 버핏의 '모르는 비즈니스에는 절대 투자하지 마라'는 원칙을 그대로 적용했다. 나는 평소에 스마트폰을 포함한 스마트기기와 앱 생태계에 관심이 많았다. 그래서 독자적인 스마트기기와 앱 생태계를 구축해 시너지 효과를 내고 있는 애플에 투자했다. 또한 나는 새로 나온 반도체 칩이나 반도체 생산 기술에 대한 뉴스와 자료도 찾아볼 정도로 관심을 가지고 있었다. 거기서 자연스럽게 기술력과 경쟁력을 알게 된 반도체 칩 설계 회사인 엔비디아와 AMD, 반도체 장비 회사인 ASML에도 투자했다. 투자하기 전부터 이 기업들이 가진 잠재력을 알고 있었기 때문에 주가가 요동치거나 안 좋은 뉴스가 나오더라도 흔들리지 않고 매도 없이 조금씩 추가 매수했다. 이 기업들에 투자한 지도 약 4~5년이 되었는데, 그 기간 동안의 각 기업의 주가 흐름을 알고 있다면 내가 얼마나 높은 수익률을 올렸는지 알 것이다.

따라서 진정으로 주식 투자로 큰 부를 얻고 싶다면, 평소에 어떤 산업이나 분야에 관심이 있는지 자신을 돌아봐야 한다. 그리고 자신이 관심을 둔 분야를 찾았으면, 그 분야에서 확실한 경쟁력을 갖춘 기업을 찾아서 공부해 보라. 만약 그 기업의 주가가 기업의 잠재적 가치에 비해 많이 싸다고 판단되면, 1등 수익률을 좇지 말고 그 기업에 먼저 투자하라.

나와 달리 평소에 관심 있는 분야가 없을 수도 있고, 있긴 하지만 그 분야에 확실하게 경쟁력을 가진 기업이 보이지 않을 수도 있다. 또는 유망해 보여서 투자해 보고 싶은 기업이 있기는 하지만 아직 그 기업이나 분야에 대해 제대로 모를 수도 있다. 중요한 건 어떤 경우에도 투자하기 전에 반드시 투자할 기업의 경쟁력과 그 기업이 속한 분야에 대해 충분히 공부해야 한다는 것이다. 만약 충분히 공부했는데도 그 기업이 왜 경쟁력이 있는지, 어떻게 이윤을 창출하는지 이해가 되지 않는다면, 아무리 언론, 지인, 자칭 '투자 전문가'들이 투자를 권하더라도 과감하게 포기하라. 당장은 좋은 기회를 놓치는 것 같고 공부한 노력과 시간이 아까워 손해 보는 기분이겠지만, 이렇게 해야 결국 주식 시장에서 오래 살아남을 수 있다.

그렇다면 자기가 투자한 기업이나 분야에 대해 '잘 안다'는 걸 어떻게 확인할 수 있을까? 마젤란 펀드를 13년간 운용하면서 연평균 29%의 수익률을 기록한 피터 린치는 '만약 당신이 10살 된 아이에게 2분 이내로 어떤 회사에 대해 설명할 수 없다면, 그 회사에 투자하면 안 된다.'라고 말했다. 이는 자신이 투자할 회사가 뭘 만들어 팔고 어떻게 돈을 버는지 누구나 쉽게 이해하도록 설명할 수 있을 정도로 그 기업에 대해 잘 알아야 한다는 뜻이다. 10살짜리 아이는 아니더라도 자신이 공부했던 기업에 별 관심이 없는 지인에게 어떤 기업인지 2분 동안 설명하고 그 지인이 온전히 이해했는지 확인해 보라. 혹은 '얼마나 오랫동안 설명할 수 있는가'로 자신이 얼마나 특정 기업이나 분야를 잘 아는지 확인해 볼 수도 있다. 단, 관심이 없는 지인을 붙들고 오랫동안 설명하면 지루할 수 있으므로, 이때는 그 기업에 관심이 있는 사람들을 상대로 설명해야 한다. 그 기업과 그 기업이 속한 분야에 대해 충분히 공부했다면, 나름 그 기업에 대해 안다는 사람들 앞에서도 30분 이상은 설명할 수 있다.

실패 확률을 낮추는 방법

투자에 관한 워런 버핏의 명언은 정말 많지만, 아마도 가장 유명한 명언은 '두 개의 투자 원칙'일 것이다.

첫 번째 투자 원칙: 돈을 잃지 마라
두 번째 투자 원칙: 첫 번째 원칙을 잊지 마라

투자 경험이 없거나 투자에 대해 제대로 이해하지 못한 사람들은 이 말을 들으면 혼란스러워 한다. 그도 그럴 것이 투자의 정의가 '원금을 잃을 위험을 감수하고 자산을 사는 행위'인데, 투자로 제일 돈을 많이 번 사람이 말한 투자 원칙이 '돈을 잃지 마라'이기 때문이다. 워런 버핏이 이렇게 모순처럼 보이는 말을 한 이유는 많은 사람이 투자할 때 오로지 많이 버는 것에만 집중하기 때문이다. 반면 투자의 대가들은 잃지 않는 것에 집중한다. 그래야 주식 시장에 오래 살아남을 수 있고 다음 기회를 엿볼 수 있기 때문이다. 많이 버는 것에만 집중해 감당할 수 없는 위험을 짊어지다가 돈을 다 잃으면 다음 기회를 잡을 수 없다. 내가 스승으로 삼았던 투자의 대가들은 주식 시장에서 잃지 않고 오래 살아남으면 부는 자연스럽게 따라온다는 걸 알고 있었다.

나 역시 모든 투자에서 성공하지 못했다. 투자한 종목 수로만 보면 실패한 투자 종목이 결코 적지 않으며, 그중에서는 -90% 수익률을 기록하고 손절한 종목도 있다. 하지만 나는 충분히 공부하지 못한 종목, 손실 위험이 크다고 생각한 종목에는 아무리 기대 수익률이 높아 보여도 많은 돈을 투자하지 않았다. 그래서 이렇게 손해 본 종목이 전체 수익률에 큰 타격을 주지 않았다. 그리고 손실을 감수하고 주식을 매도한 뒤에는 반드시 왜 실패했는지에 대한 오답 노트를 작성해 공부했다. 같은 실수를 반복해 또 돈을 잃는다면, 워런 버핏의 '돈을 잃지 마라'라는 투자 원칙을 어기는 것이기 때문이었다. 그럼 어떻게 하면 돈을 잃을 확률을 조금이라도 낮출 수 있을까? 내가 실제로 적용한 세 가지 방법을 소개하고자 한다.

첫째로 '급성장하는 분야를 선택하는 것'이다. 산업 자체가 급성장하는 시기라면 그 산업 안에서 기업들끼리 경쟁하더라도 산업 규모가 같이 커지기 때문에 거의 모든 기업의 가치가 상승한다. 여기서 주의할 부분은 더 큰 수익률을 얻기 위해 산업이 막 형성되기 시작하는 극초반기에 뛰어들면 안 된다는 것이다. 몇몇 산업 분야는 본격적으로 성장하기 전에 사라질 수도 있기 때문이다. 일단 확실하게 그 분야가 성장하는 것을 보고 난 뒤에 투자를 시작해도 결코 늦지 않다. 그 산업 분야가 성장 속도가 붙고 난 뒤에는 산업 자체가 망할 확률이 급격히 낮아지기 때문이다. 다시 한번 말하지만, 투자의 대가들은 한 번에 큰돈을 버는 것보다 잃지 않으면서 주식 시장에 오래 살아남아 큰 부를 이뤘다는 사실을 잊으면 안 된다.

둘째로 '한 분야에서 1등, 혹은 1등을 위협할 수 있는 역량을 갖춘 2등 기업을 선택하는 것'이다. 내가 지금까지 투자한 기업 중 수익을 내는 종목은 예외 없이 여기에 해당되었다. 스노우폭스 김승호 회장은 그의 저서 《돈의 속성》에서 자신의 투자 원칙 8가지를 소개했는데, 그중 하나가 '1등 아니면 2등, 하지만 3등은 버린다'였다. 앞에서 소개했듯이, 전 세계 스마트폰 판매로 발생하는 이익의 80% 이상은 애플로부터 나오며, 애플과 삼성을 제외하면 스마트폰으로 이익을 남기는 기업은 사실상 없다. 이처럼 어떤 산업 분야가 어느 정도 성장하고 자리를 잡으면 1등과 2등이 그 분야에서 나오는 이익 대부분을 가져간다. 물론 3등 이하의 기업에 투자했다가 그 기업이 1, 2등이 되면 높은 수익률을 기대할 수 있다. 하지만 이런 기업들은 1, 2등이 될 확률보다 제대로 이익을 내지 못한 채 근근이 버티거나 손실이 계속 발생해 망할 확률이 훨씬 높기에 잃지 않는 투자를 위해서는 피해야 한다.

이 두 번째 방법에 가장 완벽하게 부합하는 기업이 바로 한 분야를 완전히 독점하는 기업이다. 대표적인 예가 내가 장기투자하고 있다고 언급했던 ASML이라는 반도체 장비 기업이다. 반도체 공정 중에 실리콘 웨이퍼에 빛을 쬐어 회로를 그리는 노광(Lithography)이라는 공정이 있는데, 빛의 파장이 짧을수록 미세한 회로를 그릴 수 있어 반도체 집적도가 올라가 성능과 전력 효율이 높아진다. 하지만 파장이 짧아질수록 공기에 흡수가 잘 되고, 렌즈에 통과가 잘되지 않아 노광 공정에 쓰기 어렵다. ASML은 이러한 어려움을 극복하고 기존 노광 공정에 쓰였던 빛보다 무려 14배 짧은 파장의 빛을 사용하는 EUV(극자외선, Extreme Ultraviolet) 노광 장비를 만드는 세계 유일의 기업이다. EUV 노광 장비는 한 대당 수천억 원이나 하지만, 인텔, 삼성전자, TSMC 등 전 세계 주요 반도체 제조 회사들이 1년에 수십 대만 생산되는 노광 장비를 확보하기 위해 치열하게 경쟁한다.

셋째는 '영업이익을 내는지 확인한 뒤에 투자하는 것'이다. 기업의 존재 목적이자 생존의 유일한 방법은 바로 '이윤 창출'이다. 상장이나 다른 기업의 투자로 돈을 확보할 수 있지만, 이익을 내지 못하는 기업은 지속될 수 없다. 물론 제대로 이익을 내지 못하는 스타트업에 투자했다가 이익을 내기 시작하면 큰 수익을 얻을 수 있지만, 그 단계까지 올라가는 스타트업은 극히 소수다. 워런 버핏의 투자 원칙을 기억한다면, 적어도 기업이 제품과 서비스를 팔아 돈을 남기는 것을 확인한 뒤에 본격적으로 투자해야 한다.

만약 너무나도 유망해 보이는 기업이지만 영업이익을 내지 못하고 있다면, 소액을 투자한 뒤 상황을 지켜보면 된다. 그러다가 그 회사가 본격적으로 이익을 내기 시작하면 점차 투자금을 늘려야 돈을 잃을 확률을 크게 낮출 수 있다.

테슬라의 경우 2019년 3분기부터 영업이익이 본격적으로 발생하기 시작했는데, 나는 이를 확인한 뒤 2019년 말부터 테슬라 투자금을 늘렸다. 만약 테슬라가 영업이익을 내기 훨씬 이전부터 투자했었다면 수백 배의 투자 수익률을 거둘 수 있었겠지만, 그건 엄연히 결과론적 해석이다. 테슬라 역시 다른 스타트업처럼 창립 이후 수많은 파산 위기를 겪었다. 심지어 일론 머스크는 모델 3 대량생산에 어려움을 겪던 2017년, 당시 애플의 CEO 팀 쿡에게 테슬라를 인수하라고 제안했었다. 만약 이익이 본격적으로 나기 전부터 스타트업에 투자해 큰돈을 벌었다고 계속 같은 방법으로 투자하다가 딱 한 번 실수하면 이전까지 번 돈을 다 잃게 된다. 반면 영업이익을 내기 시작한 이후에 본격적으로 투자하면 손실 확률을 낮추면서도 투자가 성공했을 때 높은 수익률을 올릴 수 있다. 애플, 마이크로소프트, 엔비디아, 구글, 아마존처럼 영업이익이 발생한 시점을 기준으로 잡아도 기업의 가치가 수십 배에서 수백 배 상승한 기업이 적지 않다.

언제 팔아야 하는가?

'매수는 기술, 매도는 예술'이라는 주식 시장 격언이 있다. 주식을 사는 것보다 파는 것이 더 어렵다는 뜻인데, 나 역시 매수 결정보다 매도 결정이 언제나 어려웠다. 시중에 나와 있는 투자 책이나 영상에도 주로 무엇을, 언제 사야 하는지에 대한 내용은 많지만 언제 팔아야 하는지에 대한 내용은 많지도 않고 기준도 명확하지 않다. 그런데 투자의 대가 중에 '매도 타이밍'에 대해 아주 명확하게 알려 준 사람이 있다. 바로 워런 버핏이 '오늘의 나를 만든 스승'이라고 말한 필립 피셔다. 그는 1950년대에 '성장주(Growth Stocks)'라는 개념을 최초로 정립했으며 그가 1958년에 쓴 《위대한 기업에 투자하라》라는 책은 지금까지도 많은 투자자에게 읽히고 있다. 그의 아들 켄 피셔 역시 아버지에게 투자를 배우다가 1979년 독립해 현재 2,940억 달러(약 412조 원) 이상의 자산을 운용하는 피셔 인베스트먼트를 설립했다.

필립 피셔는 《위대한 기업에 투자하라》에서 '주식을 매수할 때 해야 할 일을 정확히 했다면 그 주식을 팔아야 할 시점은 거의 영원히 찾아오지 않을 것이다.'라고 말했다. 여기서 말하는 주식을 매수할 때 해야 할 일이라는 것은 필립 피셔가 말하는 기준에 들어맞는 기업, 즉 '위대한 기업'을 찾는 일을 뜻한다. 필립 피셔는 위대한 기업의 조건으로 시장 잠재력을 가진 상품, 연구개발 의지, 영업이익률, 노사 관계, 장기적인 안목을 가지고 주주와 진실하게 소통하는 경영진 등을 제시했다. 그는 이러한 조건을 가진 위대한 기업에 투자했다면 원칙적으로 매도할 필요가 없다고 말했다. 이는 '수익이 나고 있는 투자 종목을 팔아야 비로소 진짜 돈이 된다'고 생각하는 대다수 투자자들의 생각과 완전히 반대다. 필립 피셔는 '주식은 팔아서 이익을 남기는 것이 아니라 위대한 기업에 투자해 같이 성장하는 것'이라고 강조했다. 즉, 투자자가 할 일은 '언제 팔아서 최대한의 이익을 남길 것인가'를 고민하는 것이 아니라 '어떤 기업이 위대한 기업인가'를 찾는 것이다.

필립 피셔는 이런 그의 투자 원칙을 실제로 지켰고, 자신의 투자 원칙이 맞았음을 수익으로 증명했다. 그는 1950년대에 모토로라와 텍사스 인스트루먼트에 투자했는데, 텍사스 인스트루먼트는 1980년대, 모토로라는 2000년대가 되어서야 매각했다. 그리고 필립 피셔가 주식 투자로 평생 거둔 수익의 대부분이 바로 이 두 회사에서 나왔다. 이처럼 전체 결과의 80%가 전체 원인의

20%에서 일어나는 '파레토의 법칙'은 투자에도 고스란히 적용된다. 즉, 전체 투자 수익의 80%는 전체 투자 종목의 20%에서 발생한다. 따라서 만약 한평생 투자하면서 매도할 시점이 거의 영원히 오지 않을 위대한 기업을 3개 이상만 찾을 수 있다면, 누구든 경제적 자유는 물론이고 일반인이 상상하기 힘든 부를 얻을 수 있다. 그리고 나는 테슬라가 내 인생에서 찾은 첫 번째 위대한 기업이라고 생각한다.

경제 상황과 상관없이
시장에 머물러야 하는 이유

만약 2003년 1월 1일에 1만 달러(약 1,400만 원)를 미국 주가 종합 지수 중 하나인 S&P 500에 투자했다면, 20년 뒤인 2022년 12월 30일에 6만 4,844 달러(약 9,020만 원, 이하 원금 포함)가 된다. 미국의 유명한 투자 은행인 JP 모건은 '만약 이 투자 기간 중에 제일 수익률이 높았던 10일만 제외하고 나머지 기간에는 똑같이 투자했다면, 투자 수익은 어떻게 변할까?'라는 흥미로운 질문을 던졌다. 미국 주식 시장의 연간 주식 거래일은 평균 252일이므로, 20년간 주식 거래일만 5,000일이 넘는다. 언뜻 생각하면 아무리 가장 높은 수익률을 달성한 10일을 빼더라도, 5,000일 중에 단 10일이므로 수익에 엄청난 타격을 주지는 않을 것처럼 보인다. 하지만 JP 모건이 공개한 결과는 충격적이다.

만약 20년간 투자하면서 수익률이 가장 높은 10일만 투자를

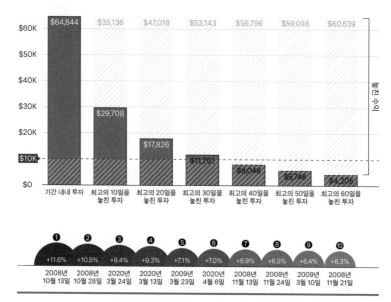

[그래픽 ⑦] 2003년에 1만달러로 S&P 500에 투자했을 때 2022년 말에 얻을 수 있는 수익
왼쪽부터 순서대로 하루도 빼지 않고 투자했을 경우, 가장 높은 수익률을 기록한 10~60일에 투자하지 않았을 경우 얻을 수 있는 수익이다. 아래에는 같은 기간 가장 수익률이 높았던 10일의 날짜와 각 날짜의 수익률이 표시되어 있다.

하지 않았을 경우 2022년 12월 30일에 얻는 수익은 2만 9,708달러(약 4,100만 원)로 절반 이하가 된다. 만약 10일이 아니라 가장 수익률이 좋았던 20일을 제외하면 수익은 1만 7,826 달러(약 2,500만 원)로 또다시 절반 수준으로 줄어든다. 미국의 물가 상승률을 감안할 때 2003년의 1만 달러의 가치는 2022년의 1만 5,905 달러(약 2,200만 원)와 같으므로, 이 경우 실질 가치 기준으로는 사실상 수익을 내지 못한 것이다. 심지어 여기서 20일만 더 추가해 가장 수익률이 좋았던 40일을 제외하면 1만 달러를 투자하고 20년 뒤에 받는 돈이 8,048 달러(약 1,130만 원)가 된다. 인플레이션을 감안하지 않더라도, 5,000일 중에 '겨우' 40일 동안 시장에 머물지 않았다는 이유만으로 수익률이 648%에서 -20%로 곤두박질 친 것이다.

5,000일 중에 제일 수익률이 좋은 10일만 쏙쏙 골라 뺀다는 가정이 상당히 극단적으로 보일 수도 있다. 시장 상황, 경제 상황을 면밀히 분석해 좋을 때는 시장에 머물고 안 좋을 때는 시장에서 나와 있으면 오히려 계속 머무는 것보다 수익률이 높아진다고 반박할 수도 있다. 하지만 이런 일반적인 통념과 달리 2003년부터 2022년까지 제일 수익률이 높았던 10일 중 7일은 2008년 금융 위기와 2020년 코로나 위기 때 몰려 있다. 즉, 경제 상황이 최악이어서 사람들이 공포에 떨면서 시장을 떠날 때 수익률이 제일 높은 날들이 몰려 있었다. 아무리 타이밍을 잘 맞추는 사람도 평소에 시장을 들락거리다가 5,000일 중에 수익률이 가장 높은 10, 20, 40일이 언제인지 정확히 예측해 시장에 머무는 것은 상당히 어렵다. 하물며 그날들이 경제 위기가 닥쳐서 주식 시장이 폭락하는 시기에 숨어 있다면, 폭등하는 날을 정확히 예측하면서 시장을 들락날락하는 건 사실상 불가능하다. 따라서 장기적으로 우상향하는 종목이나 주가지수에 투자한 뒤 본질적인 가치가 훼손되지 않는 한, 어떤 경제 상황에도 돈을 빼지 않는 것이 가장 합리적이고 현명한 선택이다.

투자의 대가들은 이미 이런 사실을 일찌감치 간파하고 있었다. 필립 피셔의 아들 켄 피셔는 '시장 안에서 시간을 보내는 것은 시장의 타이밍을 맞추려는 것보다 낫다(Time in the market beats timing the market)'라고 말했다. 유럽의 투자 대가 앙드레 코스톨라니는 '주식을 사라. 그리고 수면제를 먹고 자라. 수십 년 뒤에 깨어나면 부자가 되어 있을 것이다'라고 까지 말했다. 그러니 '언제 시장에 머물러 있어야 하는가'를 공부하지 말고, 오랫동안 투자하면 높은 수익을 얻을 수 있는 기업이나 주식 시장을 찾는 데 시간과 노력을 투자해라.

정보를 많이 알고 있다면
무조건 투자에 유리할까?

대부분의 투자자는 주식 시장의 승패가 '정보의 양'에서 결정된다고 생각한다. 개미 투자자는 정보가 부족하기 때문에 기관 투자자에 비해서 불리하다고 생각하며, 항상 남들이 모르는 정보를 가지면 대박을 터뜨릴 수 있다고 생각한다. 그래서 투자 공부, 경제 공부를 한다고 하면 열이면 열 전부 신문이나 뉴스에 나온 정보를 엄청나게 수집한다. 그렇다면 정보를 넘치게 많이 알면 올바른 투자를 할 수 있을까?

이에 대해 워런 버핏은 '중요한 것과 알 수 있는 것을 구분해야 한다'고 강조했다. 이 말은 중요하긴 하지만 잘 알 수 없는 것도 있고, 알아냈음에도 그다지 중요하지 않은 것도 있다는 뜻이다. 특히 그는 알려고 들면 알 수 있지만 투자에 필요하지 않은 것들이라면, 괜히 알아서 상황을 복잡하게 만드는 일은 하지 말라고 조언했다. 일반 투자자들의 통념과 달리 그는 정보가 많을 수록 현명한 의사결정에 도움이 되기는 커녕 방해가 될 확률이 높아진다고 강조했다.

워런 버핏은 1998년 버크셔 해서웨이 주주총회에서 버크셔 해서웨이가 가장 오랫동안 투자한 코카콜라를 예로 들며 다음과 같이 말했다.

> 코카콜라는 아마 1919년에 상장했던 것으로 기억합니다. 그때 주식 한 주당 가격이 40달러였죠. 그런데 그 한 해 동안 가격이 50% 넘게 떨어져서 연말에는 19달러로 내려갔습니다. 당시 병입 계약과 관련된 문제, 설탕 문제 등 여러 가지 어려움이 있었어요. 만약 여러분이 완벽한 예지력을 가졌다면, 사상 최악의 대공황이 눈앞에 있는 걸 보았을 것이고, 사회 질서가 무너질 위기에 처한 상황을 보았을 것입니다. 또 제2차 세계대전, 원자폭탄과 수소폭탄 같은 것들도 보았겠죠. 이런저런 이유로 코카콜라 주식을 사지 말아야 할 핑곗거리는 언제나 찾을 수 있었을 겁니다. 하지만 중요한 건 그런 것들을 보는 게 아니었습니다. 중요한 건, 코카콜라가 올해(1998년) 하루 평균 10억 잔의 음료를 팔게 될 거라는 사실입니다.

앞서 설명했듯이 세상에는 부정적인 정보가 훨씬 많은 데다가, 사람들은 긍정적인 정보보다 부정적인 정보에 훨씬 민감하게 반응한다. 따라서 어떤 기업에 대해 많은 정보를 알면 알게 될수록

'이 기업에 투자를 하지 말아야 할 이유'만 늘어나게 되고 그 기업이 가진 잠재력을 보지 못한채 투자 기회를 지나치게 된다. 이 책의 주요 기업인 테슬라는 전 세계에서 가장 많은 정보와 뉴스를 만들어 내는 기업 중 하나다. 하지만 오히려 이렇게 넘쳐나는 정보와 뉴스 때문에 많은 사람들이 테슬라의 잠재력을 알아보지 못한 채 부정적인 감정을 가지고 테슬라 투자를 꺼린다. 그래서 나는 테슬라의 본질적인 가치판단에 도움이 되지 않는 정보라고 판단되면 굳이 알려고 노력하지 않는다. 이 때문에 대부분 테슬라의 본질적인 가치와 별 상관없는 소식이나 조회수를 위해 부정적이고 자극적인 정보만 알려 주는 언론 뉴스와 유튜브 영상은 잘 보지 않는다. 투자에 도움이 되는 정보는 '많은 정보', '나만 아는 정보'가 아니라 '투자하는 기업의 본질적인 가치를 알 수 있는 정보'임을 잊지 마라.

배터리로 알아보는 '돈 되는 기술'을 구분하는 방법

테슬라라는 회사와 테슬라 투자에 관심있는 사람이라면, 기본 적으로 기술에 관심이 많고 '돈 되는 기술'을 많이 가지고 있는 회사에 투자해야 큰돈을 벌 수 있다고 생각할 것이다. 하지만 정 작 어떤 기술이 돈이 되는 기술인지를 이해하는 사람들은 많지 않다. 전기자동차에 들어가는 가장 비싼 부품인 배터리 기술을 기반으로 '돈 되는 기술'을 구분하는 세 가지 기준을 알아보자.

첫째로 '대량생산 가능 여부'이다. 많은 사람은 단순히 어떤 대단 한 기술이 개발되었다는 소식에만 집중할 뿐, 실제 그 기술이 들 어간 제품이 대량생산될 수 있는지는 별로 신경 쓰지 않는다. 하 지만 아무리 이론상 뛰어난 기술이라도 소비자들이 구입해 직접 경험할 수 있는 기술이 아니라면 그건 돈이 되는 기술이 아니다. 그리고 아주 고급 기술을 담아 뛰어난 스펙을 지닌 한 개의 시제품을 만드는 것보다, 그보다는 약간 스펙이 떨어지지만 일정한 품질을 유지하면서 꾸준하게 양산하는 것이 훨씬 어렵다. 일론 머스크도 '양산은 시제품 생산보다 100배는 더 어렵다'며 양산 기술의 중요성을 역설했다. 따라서 아무리 좋은 기술이라고 하더라도 그 기술이 들어간 제품이 대량생산에 성공하기 전까지는, 그 기술이 돈이 되는 기술이라고 함부로 확신해서는 안 된다. 돈이 되는 기술에는 반드시 양산 기술이 포함되어 있다.

나는 회사에서 자동차 부품을 개발하는 과정에 직간접적으로 참여하면서 양산 기술을 확보하는 것이 얼마나 어려운지 뼈저리게 느꼈다. 완성차업체는 미리 배포한 도면 초안을 바탕으로 협력 업체에게 샘플 부품을 요청하는데, 이 샘플 부품들을 모아 테스트 차량을 조립해 주행 성능을 대략적으로 평가하기 위해서다. 이때 협력 업체는 단순히 샘플을 납품하기만 해서는 안 되며, 반드시 주어진 도면을 바탕으로 양산이 가능한지 판단해야 한다. 왜냐하면 완성차업체는 샘플에 특별한 문제가 없다면 도면에 이상이 없다고 판단해 도면을 확정해 버리기 때문이다. 하지만 샘플을 납품하는 시점에는 생산 라인조차 없기 때문에 실제 양산과는 다른 공정을 거쳐 샘플을 만드는 경우가 많아 양산 가능성을 판단하기가 매우 어렵다. 설령 최대한 양산 공정과 비슷한 공정으로 샘플을 만들어 납품하더라도, 막상 도면이 확정되고 생산 라인을 깔고 양산을 시작하면 기존에 예상하지 못한 문제들이 터져 나온다. 그래서 대부분 양산 초기에는 불량률이 높고 생산량이 낮아 손실을 감수하고 추가 인력을 투입해야 했다.

한때 이러한 양산 기술의 중요성을 무시한 채 투자 열기가 불었던 분야가 바로 '전고체 배터리'다. 전고체 배터리는 전기자동차에 주로 사용되는 리튬이온 배터리를 대체할 차세대 배터리로 꼽히고 있는데, 이렇게 주목받는 이유는 리튬이온 배터리 대비 화재 위험성이 낮기 때문이다. 리튬이온 배터리에서는 양극과 음극 사이에 있는 액체 전해질 안에 포함된 리튬 이온이 양극과 음극을 왔다 갔다하며 충전과 방전이 이루어진다. 그리고 이 전해질에는 오직 리튬 이온만 통과할 수 있는 얇은 투과막인 분리막이 있어 전극의 합선을 막는다. 그런데 리튬 이온이 통과하는 과정에서 발생하는 열이나 외부 충격으로 인해 분리막이 손상되면 합선이 발생해 화재가 발생할 수 있다. 전고체 배터리는 전해질을 고체로 만들고 화재의 주원인인 분리막이 아예 없기 때문에 화재 위험성을 크게 낮출 수 있다. 또한 전고체 배터리는 에너지 밀도와 출력 역시 기존 리튬이온 배터리보다 높아 전기자동차의 무게를 줄이고 주행 가능 거리를 늘릴 수 있다.

이러한 장점 때문에 많은 스타트업과 기존 자동차 기업은 앞다퉈 전고체 배터리에 대한 소식을 알리고 시제품을 대중에게 공개해 기대감을 심어 주고 있다. 이중 가장 많이 주목받았던 기업은 2010년에 설립된 퀀텀스케이프라는 전고체 배터리 스타트업이다. 2020년 하반기에 상장한 퀀텀스케이프는 전고체 배터리의 선두주자로 알려지면서 상장 후 4개월만에 상장가의 10배가 넘는 117달러까지 폭등했다. 하지만 설립된 지 14년, 상장된 지 4년이 넘도록 전고체 배터리를 상용화하지 못한 채 투자받은 돈을 계속 개발비로 사용하고 있고, 주가는 2024년 10월 기준 5달러 대까지 떨어졌다. 기술 개발에 상대적으로 가장 앞서있다는 평가를 받은 도요타 역시 2027년 전고체 배터리 생산을 목표로 하고 있지만, 대량생산 시점은 최대 10년이 더 걸릴 수도 있다는 평가가 나왔다. 일론 머스크 역시 2020년 배터리 데이에서 전고체 배터리의 빠른 양산 가능성에 대해 회의적으로 평가했다. 이처럼 아무리 기존 기술보다 획기적으로 좋은 기술이라고 하더라도 반드시 대량생산이 가능한지 확인한 뒤에 본격적으로 투자해야 큰 손실을 피할 수 있다.

두 번째로 '사용의 편리성'이다. 쓰기 편한 기술이 선택받는다는 것을 입증한 사례가 바로 VHS 대 베타맥스(Betamax, 이하 베타)의 비디오테이프 규격 전쟁이다. 베타 방식은 소니가 개발한 규격으로 VHS보다 1년 빠른 1975년에 출시되었고, 테이프 및 녹화기 크기도 VHS보다 작았으며, 화질 역시 VHS보다 좋았다. 하지만 결국 대중의 선택을 받은 규격은 일본 JVC가 개발한 VHS였다. 이렇게 된 이유에는 소니의 폐쇄적인 라이선스 정책과 소니를 제외한 대부분의 일본 전자 기업들이 VHS를 채택해 접근성이 높아진 점도 있지만, 가장 결정적인 이유는 바로 녹화 시간의 차이였다. 초기 VHS 비디오테이프는 최대 2시간까지 녹화할 수 있어서 테이프 1개로 영화를 다 담을 수 있었지만, 초기 베타 방식 비디오테이프는 최대 1시간까지만 녹화할 수 있어서 2개가 필요했다. 소비자들은 화질이 상대적으로 우수한 베타 방식보다 영화 시청이나 녹화할 때 테이프를 교체할 필요가 없는 VHS를 선택한 것이다.

테슬라 역시 전기자동차에 들어가는 배터리 셀의 모양을 선택할 때 바로 이 사용의 편리성을 고려했다. 배터리는 셀의 모양에 따라 크게 파우치형, 각형, 원통형으로 나뉜다. 원통형은 모양 특성상 파우치형이나 각형보다 에너지 밀도가 떨어진다. 그래서 기존 자동차 기업이나 배터리 생산 업체들은 전기자동차에 들어가는 배터리로 원통형은 아예 처음부터 고려하지 않았다. 그래서 지금도 테슬라를 제외한 전기자동차에는 파우치형이나 각형 배터리 셀이 들어간다. 하지만 테슬라는 처음부터 원통형 배터리를 채택했는데, 파우치형과 각형과는 달리 이전부터 표준화 된 원통형 배터리가 있었기 때문이다.

파우치형과 각형은 차종이나 고객사마다 사이즈가 천차만별이라 배터리를 구매하기 위해서는 따로 전용 제품을 개발해 주문 제작해야 했다. 하지만 테슬라가 전기자동차 생산을 본격적으로 시도하던 시점에는 지름 18mm, 높이 65mm의 18650 배터리가 이미 여러 IT 제품에 쓰이고 있었다. 테슬라는 이를 그대로 가져다가 전기자동차에 적용했다. 이미 표준화 된 원통형 배터리가 여러 공급사에 의해 대량 공급되고 있었기 때문에 본격적인 자동차 생산이 되기 전까지 소량으로도 원활하게 구매할 수 있었다. 이러한 전략적 배터리 셀 모양의 선택은 테슬라가 빠르게 전기자동차 생산을 늘릴 수 있었던 비결 중 하나였다.

세 번째로 '저렴'한지를 확인하는 것이다. 다른 조건을 다 갖춘 기술이라고 해도 결국 기술을 구현한 제품의 가격이 비싸다면 소비자는 그 제품을 구매하지 않으므로 '돈 되는 기술'이 절대 될 수 없다. 또한 저렴한 가격에 기술을 사용할 수 있다는 의미는 앞에 언급한 두 가지 기준을 충족했다는 뜻이기도 하다. 왜냐하면, 대량 생산에 성공했다면 생산 단가가 낮아져 가격 경쟁력이 생겼다는 뜻이고, 가격이 저렴하면 더 많은 사람이 구매가 가능하기 때문에 그 자체로 쓰기 편해진다는 뜻이기 때문이다. 그래서 고급 기술이 본격적으로 상용화되기 전, 상대적으로 수준이 낮은 기술을 적용한 제품이 낮은 가격과 사용 편의성을 무기로 먼저 대중에게 쓰이는 경우가 빈번하다. 그리고 이렇게 되면 기업들도 고급 기술을 개발하기 보다 판매 가격을 유지하면서 이미 많이 사용하는 기술을 보완하고 개선하는 방향으로 선회하는 경우가 많다.

전기자동차 배터리 사업에서도 이와 비슷한 일이 벌어지고 있다. 리튬이온 배터리의 성능을 결정하는 가장 큰 요인은 양극재이기 때문에 양극재에 따라 리튬이온 배터리를 분류하기도 한다. 이 중 리튬인산철(LiFePO$_4$)를 양극재로 사용하는 LFP 배터리와 니켈(Ni), 코발트(Co), 망간(Mn)을 양극재로 사용하는 NCM 배터리가 가장 많이 사용된다. NCM 배터리는 LFP 배터리보다 가격이 비싸지만, 배터리 셀 기준 에너지 밀도가 월등히 높았다.

특히 초창기 LFP 배터리는 에너지 밀도가 상당히 낮아 내연기관 자동차와 경쟁할 수 있을 정도의 주행가능 거리를 만들지 못했다. 이 때문에 국내 배터리 업체들은 NCM 배터리에 집중한 반면, 중국 배터리 기업들은 LFP 배터리를 꾸준히 생산해 주행거리는 짧지만 저렴한 전기자동차에 공급했다. 국내 언론이나 자칭 배터리 전문가들은 중국 기업의 이러한 행보에 대해 단순히 '기술력의 한계'라며 도태될 것이라고 단정지었다.

하지만 중국 기업들은 막대한 중국 전기자동차 수요를 등에 업고 LFP 배터리 생산량을 늘려 가격을 더욱더 떨어뜨렸다. 더구나 전기자동차 시장이 커지면서 NCM 배터리에서 가장 큰 원가를 차지하는 니켈과 단위 무게당 가장 비싼 코발트의 가격이 요동치기 시작했다. 특히 코발트 광산이 몰려 있는 콩고 민주 공화국에서는 코발트 채굴 과정에서 어린이 노동착취, 인권탄압에 대한 문제가 계속 제기되고 있어 지정학적 불안정성까지 지속되고 있다. 이렇게 NCM 배터리와 LFP 배터리의 가격 차이가 더 크게 벌어지게 되자 중국 배터리 기업들은 LFP 배터리의 에너지 밀도를 높이는 데 집중했다. 그 결과 NCM 배터리와의 에너지 밀도 격차가 줄어들었고, 테슬라를 비롯해 글로벌 자동차 기업들도 LFP 배터리를 적극적으로 도입했다. 2023년 기준 LFP 점유율은 40%까지 올랐고, 이에 힘입어 중국 CATL(36.8%)와 BYD(15.8%)는 각각 세계 배터리 시장 점유율 1, 2위를 기록하며 절반 이상을 차지했다. 반면 2023년 합산 점유율 23.1%를 기록한 한국 배터리 기업 3사는 뒤늦게 전략을 수정했지만, 빨라야 2025년 말에나 LFP 배터리 생산이 가능할 것으로 보인다.

이처럼 시장은 결코 스펙상 최고의 기술을 선택하지 않는다. 따라서 기업이 양산성, 사용 편의성, 가격 등을 고려하지 않고 오로지 최고의 기술만 추구하면 정작 기술력을 가지고 있음에도 대중의 선택을 받지 못하고 망할 수 있다. 따라서 각 기업이 얼마나 뛰어난 기술을 가지고 있는지 홍보할 때 숫자로 적힌 스펙에 절대 현혹되지 마라. 같은 분야의 다른 기업이 개발한 다른 기술과 비교해 보고 반드시 양산성, 사용 편의성, 가격을 검토해 어떤 기술이 시장에 채택될지 냉정하게 분석하라.

제일 중요한 투자 원칙

노벨물리학상 수상자인 리차드 파인만은 '세상이 멸망하고 모든 지식을 잃어버린 인류에게 딱 한 문장만 전할 수 있다면 무엇을 전하겠느냐?'라는 질문에 '모든 물질은 원자로 이루어져 있다'라는 문장을 전하겠다고 말했다. 나 역시 마찬가지의 심정으로 투자에 대한 절대 원칙 한 가지만 전달할 수 있다면 '투자의 책임은 온전히 자기가 진다'라는 한 문장을 전달할 것이다. 바꿔 말하면, 어떤 투자 행위에 대해서 결과가 어떻게 나오든 자신이 100% 책임질 마음이 없거나 책임질 수 없는 상황이면 절대 투자하지 말아야 한다는 뜻이다. 당연하다고 생각할 수도 있지만, 이 원칙을 지키지 않는 사람들이 훨씬 더 많다. 그리고 나는 이 원칙을 지키지 않는 사람들 중에 오랜 기간 부를 유지하는 사람을 보지 못했다.

엄밀히 말하면 '투자의 책임은 온전히 자기가 진다'는 건 투자 '원칙'이 아니라 그저 '피할 수 없는 결과'다. 아무리 남을 탓해 봤자 결국 투자로 잃는 것은 자신의 돈이기 때문이다. 하지만 투자를 하기 전에 '투자의 책임은 온전히 나에게 있다'고 생각해야 투자에 실패했을 때 먼저 자신을 돌아보게 된다. 그리고 이렇게 해야 같은 실수를 두 번 반복하지 않고 시장에서 최대한 오래 살아남는다. 또한 투자에 성공했을 때도 당당하게 자신의 성과라고 생각할 수 있게 되어 자신이 정립한 투자 원칙에 대한 확신이 생긴다. 투자의 대가들도 언제나 투자 실패와 성공에 대한 책임이 자신에게 있다고 생각했기 때문에 시대를 관통하는 투자 원칙을 세울 수 있었던 것이다.

누구의 어떤 조언을 듣고 투자를 하든지간에, 투자를 하기 전 반드시 자신에게 '투자 결과에 100% 책임질 준비가 되어있는가?'를 물어보라. 그리고 그 질문에 자신있게 'Yes!'라고 답할 수 있을 때만 투자를 행동으로 옮겨라. 그리고 투자 결과가 좋지 않으면 자신의 투자 원칙을 점검해라. 투자 원칙을 제대로 지켰는지와 투자 원칙에 문제가 없었는지를 확인해야 한다. 투자 원칙을 제대로 지키지 않았다면 같은 실수를 반복해서는 안 되고, 투자 원칙에 문제가 있었다면 그 투자 원칙을 바꿔야 한다. 모든 투자 행위를 시작하고 결과가 나올 때마다 이를 반복해야 시장에서 최대한 오래 살아남을 수 있다. 정말 진심으로 투자로 성공하고 싶다면 '모든 결과에 대한 책임은 내가 진다'라는 이 단순한 원칙 하나만은 평생 잊지 마라.

참고문헌

Aran Ali, "Visual Capitalist, DatastreamComparing Tesla's Spending on R&D and Marketing Per Car to Other Automakers", https://www.visualcapitalist. com/comparing-teslas-spending-on-rd-and-marketing-per-car-to-other-automakers, 2021.

NSC Injury facts, "Deaths by Transportation Mode", https://injuryfacts.nsc.org/home-and-community/safety-topics/deaths-by-transportation-mode, 2023.

3M, 2023 Fourth Quarter Earnings, 2023.

AFP, "Tesla Nearly Doubles Deliveries Compared To Last Year", https://www. barrons.com/news/tesla-nearly-doubles-deliveries-compared-to-last-year-cc8f65e5, 2023.

Alexa St.John, Business Insider, "Tesla's not even in the top 10 of self-driving firms, according to experts who ranked all of the leading companies working on automation", https://www.businessinsider.com/tesla-sef-driving-not-in-top-ranked-autonomy-guidehouse-research-2023-3, 2023.

BENZINGA, "Elon Musk Has Been Running On 'Elon Time' Since He Was A Kid — 'I Think I Do Have An Issue With Time' – But It's Not Good For Tesla", https://finance.yahoo.com/news/elon-musk-running-elon-time-211311914.html, 2023.

Bernirr, Dollar makers, "Tesla's Mergers and Acquisitions: A Comprehensive List of Business Deals and Expansions", https://dollarmakers.com/list-of-mergers-and-acquisitions-by-tesla/#So_List_of_mergers_and_acquisitions_by_Tesla, 2024.

Bill de Blasio, Mayor & Meera Joshi, 2018 TLC Fact Book, 2018.

Brian Heater, Tech Crunch, "Elon Musk sets 2026 Optimus sale date. Here's where other humanoid robots stand", https://techcrunch.com/2024/07/23/elon-musk-sets-2026-optimus-sale-date-heres-where-other-humanoid-robots-stand/, 2024.

Brianna Wessling, The Robot Report, "Mercedes rolls out Level 3 autonomous driving tech in Germany", https://www.therobotreport.com/mercedes-rolls-out-level-3-autonomous-driving-tech-in-germany, 2022

Caleb Naysmith, Yahoo Finance, "Warren Buffett Says Tesla Achieving Full Self-Driving Would Be "Good For Society And Bad For Insurance Companies Volume"", https://finance.yahoo.com/news/warren-buffett-says-tesla-achieving-203015822.html?guccounter=1, 2024.

Charged Electric Vehicles Magazine, "Sandy Munro On Next-Generation EV Technology: Tesla, Solid State Batteries, MegaCastings, VTOLS, Q&A", https://www.youtube.com/watch?v=053rKZjP-8c, 2021.

Christy Bieber, J.D., Forbes Advisor, "Car Accident Statistics For 2024", https://www.forbes.com/advisor/legal/auto-accident/car-accident-statistics/#main_causes_of_car_accidents_section, 2024.

Clean Technica, "How Tesla Reworked its Software to Survive the Semiconductor Chip Shortage", https://cleantechnica.com/2022/08/19/how-tesla-reworked-its-software-to-survive-the-semiconductor-chip-shortage, 2022.

Clockify, "Average Working Hours (Statistical Data 2023)", https://clockify.me/working-hours, 2023.

Cody Cook, Rebecca Diamond, Jonathan Hall, John A. List & Paul Oyer, THE GENDER EARNINGS GAP IN THE GIG ECONOMY: EVIDENCE FROM OVER A MILLION RIDESHARE DRIVERS, 2018.

CXO Digital Pulse, "Apollo-the robot that will work at Mercedes-Benz factories", https://www.cxodigitalpulse.com/apollo-the-robot-that-will-work-at-mercedes-benz-factories, 2024.

Daniel Gleich, Madison Trust Company, "Everything Elon Musk Owns", https://www.madisontrust.com/information-center/visualizations/everything-elon-musk-owns, 2024.

Daniel Golson, The Verge, "We put our blind faith in Mercedes-Benz's first-of-its-kind autonomous Drive Pilot feature", https://www.theverge.com/2023/9/27/23892154/mercedes-benz-drive-pilot-autonomous-level-3-test, 2023.

Driivz, "North American Charging Standard (NACS)", https://driivz.com/glossary/north-american-charging-standard-nacs, 2023.

ElectrochemK S, "파운데이션 사이버트럭 이제 중단, 테슬라 모델S FSD V12.5.4.1 새로운 지능? 어닝콜에서 나올 질문들", 미국 정부 FSD 조사, https://youtu.be/xyAYIJ5aZqE?si=N1FW9FdBL-nwBtf5, 2024.

EV go, EVgo Inc. Reports Record Second Quarter 2024 Results, 2024.

Felipe Munoz, Tesla Model Y secures position as world's best-selling car in 2023, https://www.jato.com/resources/media-and-press-releases/tesla-model-y-worldsbest-selling-car-2023, 2024.

Figure, "Figure Status Update-OpenAI Speech-to-Speech Reasoning", https://www.youtube.com/watch?v=Sq1QZB5baNw, 2024.

Fred Lambert, "LG agrees to repay GM $1.9 billion over Chevy Bolt EV battery recall", https://electrek.co/2021/10/12/lg-agrees-repay-gm-billion-over-chevy-bolt-ev-battery-recall, 2021.

Fred Lambert, Electrek, "GM and Ford EV owners to get Tesla Supercharger access as soon as February", https://electrek.co/2023/12/18/gm-ford-ev-owners-tesla-supercharger-access-february, 2023.

GM, "Another Record Quarter of EV Sales", https://news.gm.com/home.detail.html/Pages/news/us/en/2024/oct/1001-gmsales.html, 2024.

Graeme Roberts, Just Auto, "OTA fix for 1.8m Tesla recall", https://www.just-auto.com/news/ota-fix-for-1-8m-tesla-recall, 2024.

Haley Cawthon, Automotive Dive, "Ford EV losses mount, weighing on profits", https://www.automotivedive.com/news/fords-ev-losses-q2-earnings-model-e-jim-farley/722435, 2024.

Harry Baker, Live Science, "How many atoms are in the observable universe?", https://www.livescience.com/how-many-atoms-in-universe.html, 2021.

Harsh Vardhan, Mashable India, "Starship Led To The Creation Of Tesla's Cybertruck; Elon Musk Explains How", https://in.mashable.com/science/76739/starship-led-to-the-creation-of-teslas-cybertruck-elon-musk-explains-how, 2024.

Helen, Mini Tool, "VHS vs Betamax: Why Did Betamax Fail?", https://videoconvert.minitool.com/news/vhs-vs-betamax.html?t, 2024.

IEA, "Trends in electric vehicle batteries", https://www.iea.org/reports/global-ev-outlook-2024/trends-in-electric-vehicle-batteries, 2024.

IONITY 충전소 개수. https://ionity.eu/en/network/network-status.

Isaiah Alonzo, Tech Times, "Elon Musk: 'Manufacturing is 10,000% Harder than Prototypes'— Rants on Battery Day's Media and Public Reactions", https://www.techtimes.com/articles/252914/20200928/elon-musk-manufacturing-10-000-harder-prototypes-rants-battery-days.html, 2020.

Isaiah Alonzo, Tech Times, "Elon Musk: 'Manufacturing is 10,000% Harder than Prototypes'— Rants on Battery Day's Media and Public Reactions", https://www.techtimes.com/articles/252914/20200928/elon-musk-manufacturing-10-000-harder-prototypes-rants-battery-days.html, 2020.

James Vincent, The Verge, "Boston Dynamics will now sell any business its own Spot robot for $74,500", https://www.theverge.com/21292684/boston-dynamics-spot-robot-on-sale-price, 2020.

Jason Woleben, S&P Global, "Tesla's insurance business sees massive premium growth", https://www.spglobal.com/marketintelligence/en/news-insights/latest-news-headlines/tesla-s-insurance-business-sees-massive-premium-growth-75828407, 2023.

Jay Ramey, Autoweek, "Elon Musk Tried to Sell Tesla to Apple", https://www.autoweek.com/news/green-cars/a35056992/elon-musk-tried-to-sell-tesla-to-apple, 2020.

Jim Motavalli, Autoweek, "Here's When These 16 Automakers Will Switch to Tesla's Charging Network", https://www.autoweek.com/news/g60482600/timeline-for-automakers-switch-to-tesla-charging-network, 2024.

Joey Klender, TESLARATI, "Tesla Giga Texas produces 5,000 Model Ys in a single week", https://www.teslarati.com/tesla-giga-texas-5000-unit-weekly-production-rate/#google_vignette, 2023.

John Tromp, "Chess Position Ranking", https://github.com/tromp/ChessPositionRanking.

John Tromp, "Number of legal Go positions", https://tromp.github.io/go/legal.html.

Joseph White, Reuters, "Waymo opens driverless robo-taxi service to the public in Phoenix", https://www.reuters.com/article/technology/waymo-opens-driverless-robo-taxi-service-to-the-public-in-phoenix-idUSKBN26T2Y3, 2020.

Justin Fischer, Car Edge, "How Did Car Dealerships Become So Powerful in America?", https://caredge.com/guides/how-did-car-dealerships-become-so-powerful, 2022.

Kevin Purdy, "I'm a Chevy Bolt owner, and I can't believe Superchargers work this well", https://arstechnica.com/cars/2024/10/superchargers-are-the-reliable-fast-charging-backup-my-chevy-bolt-always-needed, 2024.

Kevin Purdy, ars Technica, "I'm a Chevy Bolt owner, and I can't believe Superchargers work this well", https://arstechnica.com/cars/2024/10/superchargers-are-the-reliable-fast-charging-backup-my-chevy-bolt-always-needed, 2024.

KIA, "Kia announces global sales record for 2023 and shares 2024 targets", https://www.kianewscenter.com/news/kia-announces-global-sales-record-for-2023-and-shares-2024-targets/s/5f5455d1-6abd-4b2b-a17a-95499ad73ede, 2024.

Kristen Hall Geisler, U.S.News, Your Guide to the ChargePoint Charging Network, https://cars.usnews.com/cars-trucks/advice/chargepoint-charging-network, 2023.

Kristen Hall-Geisler, Jennifer Lobb, U.S.News, "How Do Those Car Insurance Tracking Devices Work?", https://www.usnews.com/insurance/auto/how-do-those-car-insurance-tracking-devices-work, 2024.

Lance Roberts, "10 Best Days-A Meme For Every Bull Market", https://www.advisorperspectives.com/commentaries/2023/09/06/10-best-days-meme-bull-market-lance-roberts, 2023.

Lance Roberts, Vettafi, "10 Best Days – A Meme For Every Bull Market", https://www.advisorperspectives.com/commentaries/2023/09/06/10-best-days-meme-bull-market-lance-roberts, 2023.

Louise Hall, INDEPENDENT, Tesla's rivals hijack SNL adverts during Elon Musk debut, https://www.independent.co.uk/news/world/americas/elon-musk-snl-tesla-electric-cars-b1844473.html, 2021.

Luke Mellor, Pantonium, "Some Uber Statistics", https://pantonium.com/some-uber-statistics/?t, 2019.

Macroption, "Number of Trading Days per Year", https://www.macroption.com/trading-days-per-year.

Mandatory Editors, Mandtory, "Here Are Tesla's Optimus Robots & How Much They Cost To Buy", https://www.yahoo.com/tech/tesla-optimus-robots-much-cost-161629536.html, 2024.

Mark Kane, INSIDE EVs, "Report: First Pre-Production Tesla Model Y Seen At Giga Austin", https://insideevs.com/news/529462/first-tesla-modely-giga-austin, 2021.

Marklines, "Global Data Global Light Vehicle Sales Update(December 2023)", https://www.marklines.com/en/report/global_report_202312, 2024.

Marklines, USA-Automotive Sales volume, 2024, 2024.

Matt Timmons, Value Penguin, How Much Does Tesla Insurance Cost? Rates by Model, https://www.valuepenguin.com/tesla-car-insurance, 2024.

MBUSA PR, Automated driving revolution: Mercedes-Benz announces U.S. availability of DRIVE PILOT – the world's first certified SAE Level 3 system for the U.S. market, 2023.

Micah Maidenberg, Corrie Driebusch & Berber Jin, The Wall Street Journal, "A Rare Look Into the Finances of Elon Musk's Secretive SpaceX", 2023.

Michael Wayland, Autos

Michael Wayland, CNBC, "GM can 'absolutely' catch Tesla in EV sales by 2025, says CEO Mary Barra", https://www.cnbc.com/2021/10/27/gm-can-absolutely-top-tesla-in-ev-sales-by-2025-says-ceo-mary-barra.html, 2021.

Michelle Lewis, Electrek, "Electrify America's CEO-elect tested its EV chargers on a cross-country road trip - here's how it went", https://electrek.co/2023/05/02/electrify-america-road-trip, 2023.

NewYork Times, "'This Experience May Feel Futuristic': Three Rides in Waymo Robot Taxis", https://www.nytimes.com/2023/08/21/technology/waymo-driverless-cars-san-francisco.html, 2023.

Not a tesla app 홈페이지. https://www.notateslaapp.com/fsd-beta.

Oberlo, "What Are the Most Followed Twitter (X) Accounts?", https://www.oberlo.com/statistics/most-followers-on-twitter, 2024.

OICA, https://www.oica.net/production-statistics/, 1999~2023.

Outperforrm, "Peter Lynch on Being Able to Explain a Stock to a 10-Year Old #motivation", https://www.youtube.com/shorts/izfWnsFxkfw, 2024.

Persfoto, "Installing 12 Tesla V3 Supercharger", https://youtu.be/e0sh4x5Vv8E?si=7ryr4RpcqjhuQktP, 2021.

Philip Arthur Fisher, 《위대한 기업에 투자하라(박정태 역, Common Stocks and Uncommon Profits, 1958)》, 굿모닝북스, 2005.

r/aerodynamics, "Most aerodynamic production cars (august 2024)", https://www.reddit.com/r/aerodynamics/comments/1f4te8f/most_aerodynamic_production_cars_august_2024, 2024.

Rebecca Bellan, Tech Crunch, "Tesla Superchargers: GM, Ford, Rivian, and other EV brands with access", https://techcrunch.com/2024/11/22/tesla-superchargers-gm-ford-rivian-and-other-ev-brands-with-access, 2024.

Rob Stumpf, Inside EVs, "Tesla May Have Solved Its 4680 Battery Problems", https://insideevs.com/news/733985/tesla-4680-manufacturing-milestone-100m, 2024.

SAE, "SAE Levels of Driving Automation™ Refined for Clarity and International Audience", https://www.sae.org/blog/sae-j3016-update, 2021.

SAE, "Taxonomy and Definitions for Terms Related to On-Road Motor Vehicle Automated Driving Systems", https://www.sae.org/standards/content/j3016_201401, 2021.

Sebastian Blanco, Car and Driver, "Here Are Features Some New Cars Won't Get Because of the Chip Shortage", https://www.caranddriver.com/news/g38179550/new-cars-tech-features-missing-chip-shortage, 2021.

Simon Alvarez, TESLARATI, "Tesla AI team hints at potential FSD release for Semi", https://www.teslarati.com/tesla-ai-team-hints-fsd-release-semi/#google_vignette, 2024.

Simon Alvarez, TESLARATI, "Tesla confirms it is in talks with major automaker for potential FSD licensing", https://www.teslarati.com/tesla-confirms-fsd-licensing-talks-major-automaker, 2024.

Simon Alvarez, TESLARATI, "Tesla Optimus to receive hands with 22 degrees of freedom later this year", https://www.teslarati.com/tesla-optimus-hands-22-degrees-of-freedom-upgrade-2024/#google_vignette, 2024.

SNE Research, "From Jan to Dec in 2023, Global EV Battery Usage Posted 705.5GWh, a 38.6% YoY Growth", https://www.sneresearch.com/en/insight/release_view/221/page/0, 2024.

Statista, "Unit sales of the Apple iPhone worldwide from 2007 to 2023", https://www.statista.com/statistics/276306/global-apple-iphone-sales-since-fiscal-year-2007, 2024.

Suvrat Kothari, Inside EVs, "Tesla Robotaxi To Cost Under $30,000: Elon Musk", https://insideevs.com/news/736936/tesla-robotaxi-cybercab-price, 2024.

Team Counterpoint, "Apple's Smartphone Revenue and Operating Profit Hit June-Quarter Records in Q2 2023", https://www.counterpointresearch.com/insights/apples-smartphone-revenue-operating-profit-hit-june-quarter-records-q2-2023, 2023.

Tereza Pultarova, Elizabath howell, SPACE.com, "Starlink satellites: Facts, tracking and impact on astronomy, https://www.space.com/spacex-starlink-satellites.html", 2024.

Tesla Charging, https://x.com/TeslaCharging/status/1577509237919358976, 2022.

The Dawn Project, "The History of Tesla Full Self Driving", https://dawnproject.com/the-history-of-tesla-full-self-driving, 2024.

Thomas Alsop, Statista, "DRAM manufacturers revenue share worldwide from 2011 to 2024, by quarter", https://www.statista.com/statistics/271726/global-market-share-held-by-dram-chip-vendors-since-2010, 2024.

Wayne Duggan, U.S.News, "Never Invest In Something You Don't Understand, https://money.usnews.com/investing/articles/2017-05-11/never-invest-in-something-you-dont-understand", 2017.

Wood Mackenzie, "Tesla takes Sungrow's crown as lead global producer of battery energy storage systems in 2023", https://www.woodmac.com/press-releases/2024-press-releases/tesla-takes-sungrows-crown-as-lead-global-producer-of-bess-in-2023, 2024.

Xinhua, China Daily, "Tesla's Shanghai plant delivers 947,000 vehicles in 2023", https://

www.chinadaily.com.cn/a/202401/04/WS65964e5da3105f21a507a908.html, 2024.

강영진, 뉴시스, "독일 폭스바겐 공장 폐쇄 계획 철회키로", https://www.newsis.com/view/NISX20241221_0003005875, 2024.

국가승강기정보센터, 승강기 사고 현황 https://www.elevator.go.kr/opn/stat/NationAccident.do?wccPrm=s4KKuwE0iGU1yIU4iiDy8vc37aPXPkN1phsmeR3kaCtVco7XwAhmR5ERI8ATEdEiGbhlWxy1yLZlbNWSxw5LF8OjdacGpL%2BROvfsNLx8%2FBGH6VtmmuBVQCyixPPK4oXQazwPJhrjLyGWntmWopzQTw%3D%3D#none.

권유진, 중앙일보, "노벨상, 또 AI 찍었다…화학상에 이세돌 이긴 '알파고 아버지'", https://www.joongang.co.kr/article/25283128, 2024.

기아, 2023 분기 실적 보고서, 2023.

김민수, 조선비즈, "기보 없이도 전승 '알파고 제로' 나왔다…"인류 난제 해결할 것'", https://biz.chosun.com/site/data/html_dir/2017/10/18/2017101803022.html, 2017.

김봉구, 한국경제, "홀로 알파고 완승 예상... '재평가' 받은 김진호 교수", https://www.hankyung.com/news/app/newsview.php?aid=201603169728g, 2016.

김승호, 《돈의 속성》, 스노우폭스북스, 2020.

김한용의 MOCAR, "기아 EV3 플랫폼 논란? E-GMP? 니로? 팩트만 간단히 정리해드립니다", https://youtu.be/8qtQqQMAX_w?si=AV7votC_R8iHXpfy, 2024.

김한용의 MOCAR, "현대기아? LG 삼성차? 다 만들어 드립니다...놀라운 폭스트론D 전략", https://www.youtube.com/watch?v=ha9zCGTEKcI, 2024.

김현우, 디지털 투데이, "퀀텀스케이프 '삼일천하'로 본 전고체 배터리 미래 '일단 흐림'", https://www.digitaltoday.co.kr/news/articleView.html?idxno=259923, 2021.

다이켄의 테크인사이트, "테슬라의 살벌한 조직문화 | 내부자 고발 일론머스크 인성?", https://youtu.be/nzIllCvvDMA?si=vJ2xLnnPpgyOLN15, 2022.

민영훈, 일요신문, "기대 큰데 실적이…현대차그룹, 보스턴다이내믹스 부진 애타는 까닭", https://ilyo.co.kr/?ac=article_view&entry_id=471437, 2024.

박규하, 《나는 테슬라에서 인생 주행법을 배웠다》, 비즈니스북스, 2023.

방은주, zdnet Korea, "딥마인드, AI 강화학습에 신기원 '뮤제로' 공개", https://zdnet.co.kr/view/?no=20201227142159, 2020.

배성수, 한국경제, ""꼭 필요한 직원 될래요" 각오 다진 현대차 첫 女생산직 신입들", https://www.hankyung.com/economy/article/2023080713941, 2023.

보링 컴퍼니, 공식홈페이지의 베가스 루프 설명. https://www.boringcompany.com/vegas-loop.

보스턴 다이내믹스, 공식 홈페이지. https://bostondynamics.com/faq/.

보스턴 다이내믹스, "Atlas Goes Hands On", https://youtu.be/F_7IPm7f1vI?si=l5godyvl

B9ySUPyg, 2024.

보스턴 다이내믹스, "More Parkour Atlas", https://youtu.be/_sBBaNYex3E?si=ICyasoho SG0hUyiT, 2019.

보스턴 다이내믹스, "Spot to the Rescue", https://bostondynamics.com/blog/spot-to-the -rescue, 2019.

소비더버니, "당신이 모르는 세상 가장 중요한 기업, 반도체 세계의 에르메스 ASML 이야기", https://youtu.be/K4KaEmCD5yA?si=F7jsacu7g-jXM8Rq, 2022.

송경재, 파이낸셜뉴스, "테슬라 가격 인하에 중국 기존 차주들 반발…주가는 폭등", https://www.fnnews.com/news/202301100227242990, 2023.

송화정, 아시아경제, "정몽구 회장 "車산업 기술혁신 주도하겠다"", https://www.asiae.co.kr /article/2016010409321923987, 2016.

스페이스X 공식홈페이지. https://www.spacex.com.

신재희, 비즈니스 포스트, "글로벌 완성차 기업들 중국 LFP배터리로 빠르게 선회, K배터리 입지 흔들리나", https://www.businesspost.co.kr/BP?command=article_view&n um=363184, 2024.

애플, CONDENSED CONSOLIDATED STATEMENTS OF OPERATIONS (Unaudited), 2024.

오소영, The Guru, "보스턴 다이내믹스, 新휴머노이드 로봇 공개…현대차 공장서 테스트", https://www.theguru.co.kr/news/article.html?no=69649, 2024.

오소영, 글로벌이코노믹, "中·EU, 전기자동차 배터리 무서운 추격… LG화학·SK이노베이션 국내 업계 '위협'", https://www.g-enews.com/ko-kr/news/ article/news_all/20171129164124427096aa5dcdf1_1/article.html, 2017.

윤재준, 파이낸셜뉴스, "트럼프, 새 美정부효율부 머스크·라마스와미에 맡긴다", https:// www.fnnews.com/news/202411130903084193, 2024.

이근호, 비즈니스 포스트, "토요타 전고체 배터리 양산목표 달성 불투명, "상업용 10년 더 걸릴 수도"", https://www.businesspost.co.kr/BP?command=article_view&n um=362170, 2024.

이상화, JTBC, ""테슬라 아닌 회슬라냐"…'널뛰기' 가격 책정에 뿔난 차주들", https:// news.jtbc.co.kr/article/NB12110528, 2023.

이재인, KOTRA, "미국, 우리집도 발전소가 되는 가상발전소(VPP)에 주목", https:// dream.kotra.or.kr/kotranews/cms/news/actionKotraBoardDetail.do?SITE_NO= 3&MENU_ID=180&CONTENTS_NO=1&bbsGbn=243&bbsSn=243&pNtt Sn=205491, 2023.

인플레이션 계산기. https://www.usinflationcalculator.com.

'일론 타임'을 계산하는 사이트. https://elontime.io.

일렉트릭 쇼크, "배터리 폼팩터 전쟁: 왜 테슬라는 원통형 배터리를 쓰나?", https://maily.
so/electricshock/posts/8mo5vv82z9p, 2022.

정빛나, 연합뉴스, "아우디 브뤼셀공장, 내달 폐쇄 앞두고 '부품 소진'", https://www.yna.co.
kr/view/AKR20250104045500098?input=1195m, 2024.

정승환, 이동인, 매일경제, "반도체 大戰 30년···살아남은 자와 사라진 자", https://
www.mk.co.kr/news/special-edition/5120537, 2012.

제희원, SBS, "다누리 올려놓고 돌아온 '팰컨9'···6번째 재사용 마쳐", https://news.sbs.co.
kr/news/endPage.do?news_id=N1006850372, 2022.

조진범, 영남일보, "바둑 세계 랭킹 1위 신진서 9단 "AI과 전재산 건 대결? 3점 놓고 두면
무조건 이길 자신 있다"", https://www.yeongnam.com/web/view.php?key=20220314
010002091, 2022.

차지 포인트, Q2 Fiscal 2025 Financial Results, 2024.

최종근, 파이낸셜뉴스, "현대차, 울산에 전기자동차 신공장··· 정의선 "100년 기업 이룰
것"", https://www.fnnews.com/news/202311131819344709, 2023.

최진홍, 이코노믹 리뷰, "비극의 하얀석유, 코발트", https://www.econovill.com/news/
articleView.html?idxno=560666, 2021.

최진홍, 이코노믹 리뷰, "웨이모·우버 10년 묵은 앙금도 풀어주는 로보택시", https://
www.econovill.com/news/articleView.html?idxno=672051, 2024.

컴패니스 마켓 캡. https://companiesmarketcap.com/assets-by-market-cap/.

테슬라 충전소 개수. https://supercharge.info/charts.

테슬라, "Cybercab | The Future is Autonomous", https://www.youtube.com/
watch?v=Qfj4urMF8CU, 2024.

테슬라, "Cybertruck Owner's Manual", https://www.tesla.com/ownersmanual/
cybertruck/en_us, 2024.

테슬라, "Model 3 Owner's Manual", https://www.tesla.com/ownersmanual/model3/
en_jo/GUID-682FF4A7-D083-4C95-925A-5EE3752F4865.html, 2024.

테슬라, "Model S Owner's Manual", https://www.tesla.com/ownersmanual/models/
en_us/GUID-682FF4A7-D083-4C95-925A-5EE3752F4865.html, 2024.

테슬라, "Model X Owner's Manual", https://www.tesla.com/ownersmanual/modelx/
en_us/GUID-682FF4A7-D083-4C95-925A-5EE3752F4865.html, 2024.

테슬라, "Model Y Owner's Manual", https://www.tesla.com/ownersmanual/modely/
en_us/GUID-682FF4A7-D083-4C95-925A-5EE3752F4865.html, 2024.

테슬라, "Optimus - Gen 2 | Tesla", https://www.youtube.com/watch?v=cpraXaw7dyc,
2023.

테슬라, "Optimus - Gen 2 | Tesla", https://youtu.be/cpraXaw7dyc?si=KMo_CYzQCb

OKI76h, 2023.

테슬라, "Tesla AI Day 2021", https://www.youtube.com/live/j0z4FweCy4M, 2021.

테슬라, "Tesla AI Day 2022", https://www.youtube.com/live/ODSJsviD_SU, 2022.

테슬라, "Tesla Bot Update", https://www.youtube.com/watch?v=XiQkeWOFwmk, 2023.

테슬라, 2024 Q1 Quarterly Update Deck, 2024.

테슬라, https://www.tesla.com/ko_KR/we-robot, 2024.

테슬라, https://www.tesla.com/support/charging.

테슬라, https://www.tesla.com/support/charging/supercharging-other-evs#receipts.

테슬라, https://www.tesla.com/support/insurance/tesla-real-time-insurance.

테슬라, Q1 2022 Update, 2022.

테슬라, Q2 2024 Update, 2024.

테슬라, Q3 2024 Update, 2024.

테슬라, Q4 and FY 2022 Update, 2022.

테슬라, Q4 and FY 2023 Update, 2023.

테슬라, Q4 and FY 2023 Update, 2023.

테슬라, Second Quarter 2012 Shareholder Letter, 2012.

테슬라, Third Quarter 2012 Shareholder Letter, 2012.

테슬라, 공식 홈페이지 https://www.tesla.com, 2024.

테슬라, 차량 안전성 보고서, https://www.tesla.com/ko_kr/VehicleSafetyReport, 2024.

피셔 인베스트먼트, 공식홈페이지. https://www.fisherinvestments.com/en-us.

한재희, 동아일보, "현대차·기아, 프레스 금형 설계 자동화 세계 최초 개발…
"75% 이상 시간 단축"", https://www.donga.com/news/Economy/article/all/20241016/130231452/2, 2024.

허인회, 시사저널, "글로벌 '3위' 완성차 넘보는 '혼다-닛산'…현대차 손익계산서는?", https://www.sisajournal.com/news/articleView.html?idxno=319415, 2024.

현대자동차그룹, "Hyundai Motor Reports 2023 Global Sales and 2024 Targets", https://www.hyundai.com/worldwide/en/newsroom/detail/hyundai-motor-reports-2023-global-sales-and-2024-targets-0000000392, 2024.

현대자동차그룹, 2023 분기 실적 보고서, https://www.hyundai.com/worldwide/ko/company/ir/financial-information/quarterly-earnings, 2023.

현대자동차그룹, 공식 홈페이지. https://www.hyundai.co.kr/about-us/performance.

왜 테슬라인가

초판 1쇄 발행 2025년 1월 29일

지은이	지혜탐험가
펴낸이	박영미
펴낸곳	포르체

책임편집	김찬미
마케팅	정은주 민재영
디자인	황규성

출판신고	2020년 7월 20일 제2020-000103호
전화	02-6083-0128
팩스	02-6008-0126
이메일	porchetogo@gmail.com
포스트	m.post.naver.com/porche_book
인스타그램	porche_book

ⓒ지혜탐험가(저작권자와 맺은 특약에 따라 검인을 생략합니다.)
ISBN 979-11-93584-81-1 (03320)

여러분의 소중한 원고를 보내주세요.
porchetogo@gmail.com